DÉCOUVERTE
DE
NIETZSCHE

COLLECTION OUVERTURE

La Franc-Maçonnerie, Daniel BÉRESNIAK.
La Cabale, Charles MOPSIK.
L'Islam, Mohammed ARKOUN.
Le Judaïsme, Josy EISENBERG.
Le Protestantisme, Claudette MARQUET.
Le Compagnonnage, François ICHER.
Ouvertures Hassidiques, Marc-Alain OUAKNIN.
Le Catholicisme, Jean-Pie LAPIERRE.

A paraître :

Le Talmud, Raphael COHEN.
Le Soufisme, Hassan ARFAOUI.
L'Athéisme, Marc HAFEN.
La Pédagogie, Jean MOREAU.
La Laïcité, Daniel BÉRESNIAK.

LOUIS CORMAN

DÉCOUVERTE DE
NIETZSCHE

Collection « Ouverture »
dirigée par Michel Grancher avec
Daniel Béresniak et Alain Guénette

98, RUE DE VAUGIRARD
75006 · PARIS

Note sur l'auteur :

L'Auteur est bien connu comme créateur de la Morphopsychologie, cette science qui étudie les relations entre les formes du visage et les traits du caractère.

Il s'est fait aussi un renom comme psychiatre d'enfants, a publié plusieurs livres sur les tests de personnalité (le test du gribouillis, le test du dessin de famille), et il est l'inventeur d'un test nouveau, le test P N qui a connu et connaît encore la faveur des psychologues, en France et à l'Étranger.

Il a aussi le mérite d'avoir, par une étude approfondie de l'œuvre du philosophe **Nietzsche,** révélé la grande richesse psychologique de cette œuvre, très peu connue encore. Les nombreux aphorismes dont **Nietzsche** a émaillé ses écrits, l'apparentent aux moralistes français du 18ᵉ siècle : ils nous livrent l'essentiel de ses doctrines avec une grande clarté d'expression qui a de quoi séduire le lecteur français.

© 1990, By J. Grancher, Éditeur.

Introduction

NIETZSCHE
UN MAÎTRE DE L'APHORISME

De nombre de grands hommes, on peut dire qu'ils sont célèbres, mais inconnus. Le philosophe allemand **Nietzsche** (1844-1900) est de ceux-là. Bien que, de son vivant même, son œuvre ait été traduite dans notre langue à la fin du siècle dernier, et qu'elle ait suscité un très grand intérêt chez quelques érudits, il reste que très peu de gens cultivés l'ont lue, et qu'il en est bien moins encore qui en aient compris la très grande originalité. Cela est d'autant plus regrettable qu'à la différence de la plupart des auteurs allemands, **Nietzsche** n'est en rien un philosophe dogmatique, un penseur édifiant des théories générales, mais qu'il est avant tout un psychologue, intéressé par l'étude concrète de la personnalité humaine, et que, de ce fait, son œuvre l'apparente, aussi bien par sa matière que par sa forme, aux grands moralistes français. Les écrits de **Nietzsche** sont en effet inspirés par un esprit de finesse (au sens « pascalien » du mot) qui aurait dû séduire les lecteurs français, et ils sont de surcroît rédigés dans un style d'une remarquable clarté, qui égale leur auteur aux plus grands écrivains.

J'ai donc pensé qu'il était essentiel de présenter la

psychologie de **Nietzsche** aux lecteurs français d'une manière qui la leur rende plus familière, ce qui n'a pas été fait jusqu'ici, la plupart des auteurs qui ont écrit sur son œuvre en ayant exposé la partie la plus philosophique, qui est d'une compréhension certes plus difficile pour un grand nombre de lecteurs.

Nietzsche est en effet un grand maître de l'*aphorisme*. Aussi ai-je tenu à faire débuter chacune de mes études de ses thèmes psychologiques essentiels par une de ces brèves sentences en laquelle le thème se trouve défini d'une façon concise, avec une lucidité remarquable et un grand bonheur d'expression.

J'ai pensé que les lecteurs français devraient y être particulièrement sensibles, ayant été accoutumés à cette forme d'expression par leur tradition littéraire, notamment par la lecture de nos grands moralistes du 18ᵉ siècle : ***La Rochefoucauld, La Bruyère, Chamfort, Rivarol;*** accoutumés, dis-je, à cette forme de pensée concise et percutante des dits et des aphorismes. A ces moralistes, il convient d'adjoindre ces maîtres de la psychologie existentielle qu'ont été dans le passé ***Montaigne, La Fontaine, Pascal,*** et pourquoi pas ***Molière,*** pour ne citer que les plus grands (1). **Nietzsche** ne disait-il pas que *les livres les plus*

---

(1) Gustave Thibon, dans son livre « Nietzsche ou le déclin de l'esprit » reprochant à la psychologie traditionnelle son peu d'intérêt pour la vie intérieure, écrit : « Après cela, personne ne s'étonnera qu'une maxime de La Rochefoucauld, un aphorisme de Nietzsche ou un alinéa de Flaubert ouvrent plus d'échappées sur la vie intime de l'âme que l'ensemble des observations expérimentales et des constructions logiques des psychologues officiels. »

profonds et les plus inépuisables auront toujours quelque chose du caractère aphoristique et soudain des Pensées de Pascal.

Il importe ici de remarquer qu'aux époques où écrivaient les auteurs dont je viens de citer les noms, la psychologie n'était pas encore constituée comme science ; elle n'était qu'une branche, et encore tout à fait mineure, de la philosophie, et, comme telle, plutôt négligée par l'enseignement officiel. **Nietzsche** l'a très judicieusement souligné, écrivant : *Nombre de remarques isolées sur l'humain et le trop humain ont d'abord été découvertes et exposées dans des sphères de la société qui étaient accoutumées à sacrifier de toutes sortes de façons, non à la recherche scientifique, mais à une coquetterie spirituelle ; et le parfum de ce premier berceau de la sentence morale, parfum très séduisant, s'est presque indissolublement attaché au genre tout entier, si bien que l'homme de science, pour sa part, suspecte d'instinct le sérieux et la valeur du genre.*
Hum. - II - 37

Et, poursuivant, il déplore qu'il y ait si peu de gens cultivés qui s'y soient intéressés : *Pourquoi ne lit-on plus jamais les grands maîtres de la maxime psychologique ? Car, soit dit sans exagération, l'homme cultivé qui a lu La Rochefoucauld et ses pairs en esprit et en art ne se trouve que rarement en Europe, et il est plus rare encore d'en rencontrer qui, les connaissant, ne les dédaigne pas. Mais il est probable que même ce lecteur d'exception n'y prendra pas autant de plaisir que ne devrait lui en donner la forme de ces artistes, car même le cerveau le plus affiné n'est pas capable d'apprécier suffisamment l'art d'aiguiser une maxime s'il n'a pas été éduqué dans cet art et s'il ne s'y est pas exercé. Faute de cette éducation pratique, on prend cette invention et cette mise en forme pour plus facile qu'elle ne l'est, et l'on n'en ressent pas assez vivement l'attrait et la réussite.* **Hum. - II - 35**

Nietzsche, se demandant quelle est la raison de cette méfiance à l'égard de la sagacité des moralistes, trouve la réponse à cette question dans les exigences de la vie sociale, de la vie en commun, qui amènent chacun de nous à se mettre un masque, afin de ne pas dévoiler ses sentiments et ses pensées profondes. Ce faisant, on s'assure une réputation « d'honnête homme », c'est-à-dire d'un homme dont la conduite est en parfait accord avec l'ordre moral régnant : *Si l'on ressent une répugnance à rechercher les motifs des actions des hommes, ce n'est pas à vrai dire la vérité qui y trouve son compte, mais la bonne marche de la société humaine. C'est l'erreur psychologique, et, d'une manière générale, le manque de sensibilité en ce domaine qui aide l'humanité à aller de l'avant.* **Hum. I - 36**

Et de même : *Une certaine foi aveugle dans la bonté de la nature humaine, une répugnance acquise envers l'analyse qui décompose les actions humaines, une sorte de pudeur devant la mise à nu des âmes pourraient être réellement, en définitive, des choses plus désirables pour le bonheur d'un homme que cette pénétration psychologique, laquelle n'est une qualité avantageuse que dans certains cas bien particuliers.* **idem**

Assurément, les maîtres de la psychologie officielle pourraient faire à ***Nietzsche*** la même critique qu'ils ont adressée à nos moralistes français, leur reprochant, tantôt de s'être laissés aller à la facilité en composant des maximes « de circonstance », tantôt de ne pas s'être donné la peine d'ériger leurs opinions morales en une doctrine d'ensemble des conduites humaines. Le premier reproche tombe bien entendu à faux en ce qui concerne

Découverte de Nietzsche

Nietzsche, qui n'était en rien un « homme du monde ». Quant au second reproche, **Nietzsche** y a lui-même répondu en déclarant expressément qu'il se refusait à édifier de sa pensée « un système » et à s'imposer à celui qui le lit par des démonstrations logiques rigoureuses, préférant de beaucoup « éveiller » l'esprit de son lecteur à l'idée qu'il veut exprimer, se bornant à lui en livrer la partie essentielle et lui suggérant simplement le reste, afin qu'il s'exerce à le deviner. Il écrit dans ce sens : *Une maxime est un maillon dans une chaîne de pensées. Elle exige que le lecteur recompose cette chaîne par ses propres moyens. C'est lui demander beaucoup.* **XI - 158**

Il explique ailleurs qu'une participation active est en pareil cas demandée au lecteur : *La forme aphoristique de mes écrits présente des difficultés. On n'attache pas aujourd'hui assez d'importance à cette forme. Un aphorisme, si bien frappé qu'il soit, lorsqu'on l'a seulement lu, n'est pas encore pour cela « déchiffré ». Alors doit commencer l'interprétation, ce qui exige un art de l'interprétation.* **Généal. - 8**

Comme on le verra dans cet ouvrage, **Nietzsche** est un grand maître de la sentence et de l'aphorisme. Il en est de si nombreux dans ses écrits, bien qu'épars ici et là, qu'on peut, comme je vais le faire, en composer un livre entier.

Un *petit groupe* de maximes est formé de « traits d'esprit » à la manière française ; j'en donne ici quelques exemples, choisis parmi beaucoup d'autres.

Le trait d'esprit, c'est l'épigramme qu'on fait sur la mort d'un sentiment.

L'homme est un piètre égoïste, le plus malin attache plus d'importance à son habitude qu'à son avantage.

Nos défauts sont nos meilleurs maîtres ; mais on est toujours ingrat envers ses meilleurs maîtres.

Je ne comprends pas à quoi peut servir la calomnie ; si l'on a envie de nuire à quelqu'un, il suffit de dire sur lui quelque vérité.

Parole d'un homme déçu : je prêtai l'oreille à l'écho et je n'ai entendu que des louanges.

On ment bien avec sa langue, mais avec la gueule qu'on fait en même temps, on dit la vérité quand même.

Nous sommes en un temps où la civilisation est en danger de périr par les moyens de la civilisation.

Si l'on a du caractère, alors on a aussi dans sa vie un événement typique qui se répète sans cesse.

Ce qui ne me tue pas me rend plus fort.

Jeunesse tardive se conserve longtemps.

Qui se méprise se prise encore de se mépriser.

Les hommes qu'on ne peut pas souffrir, on cherche à se les rendre suspects.

La mère de la débauche n'est pas la joie, mais l'absence de joie.

La plus grande dispensatrice d'aumônes, c'est la lâcheté.

Les poètes sont sans pudeur à l'égard des événements de leur vie : ils les exploitent.

On ne vient pas à bout de sa passion par le fait qu'on la dépeint ; bien plutôt lorsqu'on la dépeint, c'est qu'on en est déjà venu à bout.

Les hommes se pressent vers la lumière, non pour mieux voir, mais pour mieux briller ; on considère volontiers comme une lumière celui devant qui l'on brille.

Celui-ci est un envieux ; il ne faut pas lui souhaiter d'enfants ; il leur porterait envie parce qu'il ne peut plus être un enfant.

Un *second groupe* se compose de sentences sous la forme de métaphores, à la manière des poètes. Beaucoup estiment que ce sont là des formules trompeuses, où la vérité logique ne trouve pas son compte. Mais **Nietzsche** proteste contre cette allégation : *Pour le vrai poète, la métaphore n'est pas une figure de rhétorique, mais bien une image qui, se substituant à l'idée, plane devant ses yeux dans la plénitude de sa réalité.* **Trag.** - 8

Voici des exemples de ces sentences métaphoriques :

Parole brève, sens profond : verglas pour les sots.

Le fourreau doré de la compassion cache parfois le poignard de l'envie.

La haine du mal est le manteau d'apparat à l'aide duquel les pharisiens travestissent leurs antipathies personnelles.

La compassion des femmes, qui est bavarde, porte le lit du malade en plein marché.

Beaucoup de choses qu'ici on appelle mauvaises, je les ai vues ailleurs revêtues du manteau de pourpre des honneurs.

Il en est qui appellent vertus les moments de paresse de leurs vices ; et quand il arrive à leur haine et à leur jalousie d'allonger sur le sol leurs membres fatigués, leur « justice » se ragaillardit et frotte ses yeux pleins de sommeil.

Lorsque tu regardes longtemps au fond d'un abîme, l'abîme lui aussi regarde en toi.

A quoi sert de libérer l'esprit s'il n'a pas d'ailes pour prendre son vol.

La sensualité précipite la croissance de l'amour, de sorte que la racine en est faible et s'arrache facilement.

Je laisse le lecteur exercer sur ces maximes son sens de l'interprétation. Il les retrouvera d'ailleurs, pour la plupart d'entre elles, dans le cours de cet ouvrage, avec des commentaires qui en montrent le sens profond. Il importe en effet, pour clore cette Introduction, d'insister sur le fait, déjà souligné plus haut, que si certains des traits d'esprit de **Nietzsche** parlent d'eux-mêmes et frappent d'emblée l'attention du lecteur, beaucoup d'autres ont une signification secrète qu'il faut découvrir. Dans le dessein de faciliter cette découverte en introduisant le lecteur dans les conceptions essentielles du grand psychologue, je vais grouper ces maximes selon les thèmes dominants.

En tête de chaque chapitre, un aphorisme ou une sentence donne le ton et nous met d'emblée devant un problème et sa solution possible. Mais bien évidemment, il faut, pour le comprendre, replacer cet aphorisme ou cette sentence dans le contexte dont ils sont issus. Pour y parvenir, j'en ferai, comme je l'ai dit plus haut, un commentaire que j'illustrerai par des textes de l'auteur, textes explicitant ce que la sentence initiale se bornait à esquisser sous une forme destinée, selon l'expression même de **Nietzsche,** à éveiller l'esprit du lecteur.

En dépit du manque de systématisation de mon exposé, dont j'ai donné plus haut la raison, l'on verra se dessiner les grandes lignes directrices de la psychologie nietzschéenne. Notamment, on sera dès le début engagé dans la notion essentielle du « primat de la Vie », qui domine toute la pensée de **Nietzsche,** et qui, comme on le verra, inspire chez lui tous les domaines de la psychologie, les domaines de la vie instinctive, de la vie affective de la connaissance, de la morale, et de la création des œuvres.

Chapitre I

LE PRIMAT DE LA VIE

La phrase liminaire de ce chapitre nous introduit d'emblée au sein même de la doctrine vitaliste de ***Nietzsche : Il faut vouloir vivre les grands problèmes par le corps et par l'esprit.***

En affirmant ainsi le Primat de la Vie - I -, il s'oppose en effet radicalement à la psychologie officielle de son époque, tributaire de la philosophie idéaliste, qui posait comme un dogme la primauté de la raison, de l'esprit, et refusait de considérer le corps humain autrement que comme le réceptacle de fonctions purement physiologiques, n'ayant de ce fait aucune part dans les activités psychologiques.

Selon ***Nietzsche,*** la vie se manifeste essentiellement comme *Volonté de Puissance,* c'est-à-dire comme instinct d'expansion, croissance, progrès, déploiement d'énergie, créations, en un mot comme Vie ascendante - II -.

En cela ***Nietzsche*** s'oppose aussi à la conception physiologique habituelle, qui faisait de L'instinct de conservation - III - l'instinct primordial, alors que, selon notre philosophe, il représente la *vie décadente,* valable

Découverte de Nietzsche

seulement dans les situations de détresse, quand l'expansion n'est plus possible, du fait de l'hostilité du milieu, et qu'il faut réserver toutes les forces de l'organisme à la conservation de la vie.

Par cette considération des deux instincts fondamentaux, hiérarchisés comme on vient de le voir, **Nietzsche** replace la connaissance de la personnalité humaine à ses sources biologiques, dans l'alliance constante du corps et de l'esprit. Mais il va plus loin encore : renversant le point de vue de l'idéalisme, il donne une importance primordiale au corps, à La grande raison du corps - IV -, introduisant par là l'étude de la vie inconsciente, qui se trouve aux lisières du corps et de l'esprit, comme on le verra au chapitre 2, où seront développés tous les aspects de cette vie inconsciente.

Primat de la vie, volonté de puissance, instinct d'expansion, vie ascendante convergent vers la conception nietzschéenne du Surhomme - V -, l'homme qui doit se dépasser lui-même, se surpasser pour accomplir le destin qui lui est dévolu par ses aptitudes natives. « *Deviens ce que tu es* » est en effet, renouvelée du philosophe hellène **Héraclite,** la formule-clé de la conception nietzschéenne de l'élite.

1. Le primat de la vie

Il faut vouloir vivre les grands problèmes par le corps et par l'esprit. **XIII - 257***

Nietzsche a violemment réagi contre la philosophie spiritualiste de son époque, qui, surtout depuis **Descartes**, postulait une opposition radicale entre l'esprit et le corps, et prétendait voir l'essence de l'homme, sa valeur supérieure, dans la spiritualité pure, considérée comme une émanation de l'esprit divin. Selon cette doctrine, le corps, agrégat d'organes purement matériel, ne devait intéresser que les physiologistes et les médecins; dans la perspective psychologique, il était d'ailleurs le siège des passions animales les plus basses, lesquelles étaient regardées comme constituant un obstacle à l'évolution vers la spiritualité.

La psychologie étant à toutes les époques fortement influencée par la morale régnante, il y avait dans ce mépris du corps et de ses passions, dans l'interdiction qui était faite d'en parler, la marque d'une certaine morale chrétienne des tabous, visant surtout la sexualité. Cepen-

---

* Les références, en chiffres ou en lettres, données après chaque citation, sont des abréviations des titres des ouvrages de Nietzsche, dont la mention complète est indiquée à la fin de ce livre, page 211.

dant, il y avait des écrivains qui, bien que de convictions chrétiennes, n'hésitaient pas à déclarer qu'on ne pouvait ainsi scinder l'être humain en deux parties antagonistes. Par exemple, **Pascal,** en dépit de sa position religieuse ascétique, écrivait dans ses Pensées : « *L'homme n'est ni ange ni bête, et le malheur est que qui veut faire l'ange fait la bête.* »

L'homme est en effet tout à la fois ange et bête, esprit et corps. C'est l'opinion de **Nietzsche,** qui est résolument « vitaliste ». Pour lui, l'essence profonde de l'être est qu'il est *vivant,* et que la vie est toujours supérieure à la connaissance, à la logique, à la morale, donc que tout ce qui s'oppose à son épanouissement est à rejeter comme néfaste. Sa thèse est en conséquence qu'il faut dire *Oui !* à la Vie ; il écrit :

Ce que vaut la vie dans sa totalité, nul ne peut le dire. J'ignorerai à tout jamais s'il eût mieux valu pour moi être ou ne pas être. Mais du moment que je vis, je veux que la vie soit aussi exubérante, aussi luxuriante, aussi tropicale que possible, en moi et autour de moi. Je dirai donc Oui ! à tout ce qui rend la vie plus belle, plus intense, plus digne d'être vécue. S'il m'est prouvé que l'erreur et l'illusion peuvent servir au développement de la vie, je dirai Oui ! à l'erreur et à l'illusion.

S'il m'est prouvé que les instincts qualifiés de « mauvais » par la morale actuelle, par exemple la dureté, la cruauté, la ruse, l'audace téméraire, l'humeur batailleuse sont de nature à accroître la vitalité de l'homme, je dirai Oui ! au mal et au péché. S'il m'est prouvé que la souffrance concourt aussi bien que le plaisir à l'éducation du genre humain, je dirai Oui ! à la souffrance.

En revanche, je dirai Non ! à tout ce qui diminue la vitalité de la plante humaine. Et si je découvre que la vérité, la vertu, le « Bien », en un mot toutes les valeurs révérées et respectées jusqu'à présent par les hommes sont nuisibles à la vie, je dirai Non! à la science et à la morale. **VIII - 68**

Ainsi donc, la valeur d'un homme, que la psychologie traditionnelle tendait à placer dans l'étendue de son esprit, réside bien plutôt selon **Nietzsche** dans sa vitalité, source, comme on le verra, de toute la vie affective et de l'efficacité intellectuelle : *C'est la richesse de la personnalité, la profusion intérieure, le jaillissement et le don, le plaisir instinctif et l'approbation de soi qui font le grand sacrifice et le grand amour.*

Et pour lui, ceux que nous appelons les grands hommes valent, eux aussi, avant tout par la puissance de leur vitalité : *L'homme supérieur serait celui qui aurait la plus grande multiplicité d'instincts, aussi puissants qu'on peut les tolérer. En effet, là où la plante humaine se montre la plus vigoureuse, on trouve des instincts puissants en lutte les uns avec les autres, mais dominés.*
XVI - 966

Et dans le même sens : *La grandeur du caractère ne consiste pas à ne pas avoir de passions. Il faut au contraire les posséder au plus haut degré, mais les tenir en laisse.*

Comme on vient de le voir par ces textes, c'est aussi cette même vitalité qui permet aux hommes d'utiliser dans un but constructif les forces tumultueuses qui sont en eux : *Mon étalon de mesure : jusqu'à quel point un homme ou un peuple peut déchaîner en soi les instincts les plus terribles sans en périr, mais en en faisant au contraire un instrument de salut qui le porte à la fécondité de l'action et de l'œuvre.* **XIII - 272**

Découverte de Nietzsche

2. Volonté de puissance, instinct d'expansion et vie ascendante

Une race, comme tout autre organisme, ne peut que croître ou périr. Il n'y a pas de stagnation possible : une race qui n'a pas péri est une race qui n'a cessé de croître. **XIV - I - 460**

A la thèse nietzschéenne du primat de la Vie, on peut objecter que pour adhérer à cette thèse, il faudrait avoir une idée précise de ce qu'est la Vie. La conception de **Nietzsche** apporte une réponse à cette exigence. Selon lui, la vie obéit à deux mouvements inverses : elle est *ascendante* ou *descendante ;* et lorsqu'il privilégie la vie, c'est de la vie ascendante qu'il veut parler, de celle qui est développement, progrès, croissance. Cette vie ascendante, il la conceptualise dans la notion de « volonté de puissance » (der wille zur macht), terme qui prête à confusion, surtout en français, et que j'ai, de ce fait, préféré traduire par « instinct d'expansion » (dans le sens où l'on dit : l'expansion des gaz ou l'expansion économique d'un peuple). *Nietzsche* l'oppose à la vie descendante (ou décadente) qui est la stagnation, le maintien du statu quo, l'absence de progrès.

Il ne faudrait pas toutefois se méprendre sur le sens de la volonté de puissance nietzschéenne. Notre philosophe déclare : *La quantité de puissance que tu « es » décide de ton rang :* **XVI - 858.** On est donc loin ici de la traduction faite par certains interprètes français, qui ont voulu voir dans cette volonté de puissance une « volonté de dominer » (1) ; c'est un contresens, car, pour **Nietzsche,** ce n'est pas l'*avoir* qui importe, c'est l'*être :* il ne s'agit pas selon lui de posséder des biens matériels, de l'argent, ni de pouvoir s'imposer aux autres, mais de posséder cette force intérieure rayonnante qui fait croître et se montre créatrice d'œuvres. On pourrait dire que la puissance, en tant que possession de biens matériels est *statique,* tandis que la puissance irradiant du centre vital de l'être est *dynamique ;* cela est remarquablement souligné dans le texte suivant :

Chaque vouloir est un « vouloir-être-plus ». La puissance elle-même n'existe que dans la mesure et aussi longtemps qu'elle demeure un « vouloir-être-de-plus-en-plus-puissant ». A partir du moment où cette volonté vient à faire défaut, la puissance n'est déjà plus de la puissance, quand bien même elle tiendrait encore sous son empire ce qu'elle domine. Il y a dans la volonté, en tant que « vouloir-être-plus », en tant que volonté de puissance, une intensification, une élévation, car ce n'est que dans une constante élévation que le haut peut se maintenir à sa hauteur, élevé et en haut. Le déclin ne peut être empêché que par une élévation plus forte et non pas seulement par un simple maintien au niveau de la hauteur atteinte, car celle-ci ne peut aller toujours qu'en s'épuisant. **XIV - I - 460**

S'abusant sur le sens du terme volonté de puissance, beaucoup ont reproché à **Nietzsche** de faire en quelque sorte l'apologie de la force, et par là de légitimer l'oppression des faibles par les forts. Il est exact que

(1) Ainsi il est surprenant que Geneviève Bianquis, excellente traductrice de Nietzsche, ait employé ce terme de « volonté de dominer ».

Nietzsche est résolument hostile à la doctrine de l'égalité de tous les hommes : *La prétention démocratique d'instaurer des « droits égaux pour tous » aboutirait, si elle était satisfaite, à un nivellement par le bas et à un risque de stagnation totale* **XII - II - 196**

Mais il ne sanctionne pas pour autant le « droit du plus fort », car il dit : *Il ne s'agit pas du tout d'un droit du plus fort. Les faibles et les forts se comportent d'une manière toute pareille : ils étendent leur puissance aussi loin qu'ils le peuvent.* **XVI - 437**

Il importe aussi, car la chose est essentielle, de considérer qu'en attribuant la primauté à la Vie, **Nietzsche** va aux sources biologiques de la psychologie, et se place par conséquent, selon sa propre expression, « au-delà du Bien et du Mal ». Cette référence constante aux lois naturelles qui gouvernent la vie lui fait écrire : *Les physiologistes devraient bien réfléchir avant de déclarer que l'instinct de conservation constitue chez tout être organisé l'instinct primordial. Un être vivant veut avant tout développer sa force ; la vie elle-même est volonté de puissance. La conservation de soi n'est qu'une des conséquences directes les plus fréquentes.* **XVI - 650**

Et : La volonté d'accumuler de la force est un caractère spécifique du phénomène de la vie ; non seulement la conservation de l'énergie, mais un maximum de régulation dans son emploi, de sorte que la volonté de devenir plus fort, qui émane de chacun des centres de force, est la seule réalité — non pas la conservation de soi, mais la volonté de se nantir, de se rendre maître, de s'accroître en quantité, en force. **XVI - 689**

Cette compréhension biologique de l'opposition entre les forts et les faibles le conduit à refuser l'hypocrisie morale régnante, qui tend à culpabiliser les forts comme s'ils étaient responsables de ce qu'ils sont forts : *Exiger de la force qu'elle ne se manifeste pas comme telle est aussi insensé que d'exiger de la faiblesse qu'elle manifeste de la force... La morale populaire sépare la force des effets de la force, comme si, derrière la force, il y avait un substratum neutre qui serait libre de manifester ou non de la force... Ce dogme, qui affirme qu'il est loisible au fort de devenir faible, loisible à l'oiseau de proie de se faire agneau... On s'arroge ainsi le droit de demander compte à l'oiseau de proie de ce qu'il est oiseau de proie. Lorsque les opprimés, les écrasés, les asservis, sous l'empire de l'impuissance et de la ruse vindicative, se mettent à déclarer « Soyons bons ! ne faisons de mal à personne » tout cela veut dire en somme : « nous, les faibles, décidément nous sommes faibles ; nous ferons bien de ne rien faire de tout ce pour quoi nous ne sommes pas assez forts »... comme si la faiblesse même du faible était un accomplissement libre, quelque chose de choisi volontairement, un acte méritoire !* **Généal. 65**

En quoi d'ailleurs cette thèse de **Nietzsche,** qu'on a accusée d'outrager la morale, n'est-elle pas, hypocrisie en moins, conforme à l'opinion du sens commun ? Ne dit-on pas communément, en sport ou ailleurs, que « c'est le meilleur qui gagne » ? Et le meilleur, n'est-ce pas le plus fort ?

Il importe aussi de souligner que la distinction établie par **Nietzsche** entre la vie ascendante et la vie décadente a une importance toute particulière en psychologie en ce qu'elle conduit à définir, avec plus de rigueur qu'on ne le fait d'ordinaire, les mots de notre vocabulaire usuel, dont le caractère abstrait et trop vague nous induit souvent en erreur. J'en pourrais donner nombre d'exemples ; en voici deux. Ainsi le mot « égoïsme » peut, selon **Nietzsche,** avoir deux significations différentes, voire même opposées, selon qu'il est l'expression d'une individualité forte, capable de rayonnement, ou d'un moi faible replié sur lui-même. **Nietzsche** déclare à ce sujet : *Chez l'homme dont l'ego s'affaiblit et s'amenuise, la force du grand amour s'affaiblit aussi, car les grands amoureux le sont par la force de leur ego.* **15 - 332**

Je donne également l'exemple du mot « bonheur », dont le sens est différent selon qu'il est lié à la passion agissante ou à l'abandon : *En leur qualité d'hommes complets, débordants de vigueur et par conséquent nécessairement actifs, ils ne savaient pas séparer le bonheur de l'action... Cela est en contradiction profonde avec le bonheur tel que l'imaginent les impuissants, les opprimés, accablés sous le poids de leurs sentiments hostiles et envieux, chez lesquels le bonheur se manifeste surtout sous la forme de stupéfiant, d'assoupissement, de repos, de paix, de détente pour l'esprit et le corps, bref du bonheur sous sa forme passive.* **Généal. 53**

Et bien loin que la volonté de puissance soit le caractère distinctif particulier des « puissants », elle est un caractère général à tous les êtres vivants, lesquels la manifestent tout simplement d'une manière différente selon leur degré de force : *La morale (chez les gens simples) a enseigné à haïr et à mépriser ce qui constitue le trait de caractère fondamental des dominateurs ; leur volonté de puissance... Comme celle-ci est immanente à la vie, on pourrait faire la preuve que cette haine et ce mépris ne sont que la manifestation d'une volonté de puissance simplement camouflée. L'opprimé se rendrait compte alors qu'il se trouve sur le même terrain que l'agresseur, et qu'il ne possède aucun privilège sur celui-ci, qu'il n'est pas moralement d'un rang supérieur.* **XV - 55**

3. L'instinct de conservation

***L'homme est un piètre égoïste ; le plus malin tient plus à son habitude qu'à son avantage.* XV - 363**

On a vu que, des deux instincts de vie, **Nietzsche** privilégie l'instinct d'expansion (qu'il appelle volonté de puissance), qu'il considère comme le premier, l'instinct de conservation ne venant qu'en seconde place : *Vouloir se conserver est l'expression d'une situation de détresse, une restriction du véritable instinct fondamental de vie qui tend à l'élargissement de la puissance, et qui, fort de cette volonté, met souvent en question la conservation de soi et va jusqu'à la sacrifier.* **G.S. 349**

En fait, **Nietzsche** reconnaît que les deux instincts sont tous deux nécessaires, et dans de nombreux textes, il les associe en parlant des *besoins de la conservation et de la croissance*.

Cette défense contre les situations qui peuvent mettre la vie en danger, **Nietzsche** va jusqu'à la considérer sous des formes extrêmes avec une sagacité physiologique étonnante de la part d'un philosophe qui n'avait que des notions élémentaires de médecine. Il écrit en effet : *Contre ce danger, le malade ne possède qu'un seul grand remède : je l'appelle le fatalisme russe, ce fatalisme sans révolte dont est animé le soldat russe, qui trouve la campagne trop rude et finit par se coucher dans la neige. Ne plus rien prendre, renoncer à absorber quoi* *que ce soit, ne plus réagir d'aucune façon. La raison profonde de ce fatalisme, ce n'est pas toujours le courage de la mort, mais bien plus souvent la conservation de la vie dans les circonstances qui mettent le plus la vie en danger; c'est l'abaissement des fonctions vitales, le ralentissement de la désassimilation, une sorte de volonté d'hibernation... Parce qu'on s'userait trop vite si l'on réagissait, on ne réagit plus du tout.* **E.H. - I - 6**

Soulignons ici l'usage du mot « hibernation », tout à fait nouveau en matière humaine, mais emprunté à la zoologie pour désigner les mœurs spéciales de certains animaux qui se protègent des rigueurs de la mauvaise saison en « hibernant ».

Ce que ***Nietzsche*** a très bien vu aussi, c'est que, dans les cas où la prédominance de l'instinct de conservation, quand elle n'est pas seulement temporaire pour répondre à une situation de détresse passagère, devient permanente et constitue alors un des traits essentiels d'un individu, elle en arrive à marquer le caractère de celui-ci. Comme le dit la sentence citée au début, à son avantage (i. d'expansion), l'homme en arrive à préférer son habitude (i. de conservation). Notre auteur dit de même: *L'homme est extrêmement timoré: ce n'est que contraint par la nécessité qu'il tente quelque chose de nouveau. Si sa tentative réussit, il la répète, jusqu'à ce qu'elle devienne une coutume; ensuite il la consacre.* **O.P. 449**

Et de même; *Je vous trouve trop pauvre en vitalité; aussi décidez-vous que l'économie est la vertu par excellence.* **XII - II - 281**

Et encore: *Des passions naissent les opinions, et la paresse d'esprit les fait cristalliser en convictions.* **Hum. 3**

Découverte de Nietzsche

Il souligne tout particulièrement que l'instinct de conservation est constamment à l'œuvre dans le processus de connaissance. La paresse d'esprit, dénoncée un peu plus haut, c'est en fait très souvent notre attachement anxieux à un passé familier, qui nous rassure parce que nous le connaissons déjà : *Ce qui est connu, c'est-à-dire ce à quoi nous sommes habitués, de sorte que nous ne nous étonnons plus : ainsi notre besogne quotidienne, une règle quelconque qui s'impose à nous, toute chose que nous savons nous être familière — comment ! notre besoin de connaissance n'est-il pas précisément notre besoin de quelque chose de connu, le désir de découvrir, parmi toutes les choses étrangères, inaccoutumées, incertaines, quelque chose qui ne nous inquiète plus ? Ne serait-ce pas l'instinct de crainte qui nous pousse à connaître ?* **G.S. 335**

Il faut reconnaître, avec **Nietzsche**, que les changements incessants qui se produisent dans le monde qui nous entoure nous causent de l'angoisse, nous font craindre de perdre pied, et que, de ce fait, tout le processus de notre connaissance des êtres et des objets est fondé sur une exigence impérieuse de stabilité. Cela commence déjà à nos premières impressions sensorielles : *Notre œil a moins de peine à reproduire une image déjà plusieurs fois produite qu'à retenir ce qu'une impression a de différent et de neuf ; il faut pour cela plus de force, plus de « moralité ». Il est difficile et pénible pour notre oreille d'ouïr quelque chose de nouveau ; elle entend mal une musique étrangère. En prêtant l'oreille à une langue inconnue, nous cherchons involontairement à plaquer sur les syllabes entendues des mots qui nous sont familiers et proches. La nouveauté se heurte ainsi à l'opposition de nos sens, et, d'une façon générale, on peut dire que les processus sensoriels les plus simples sont déjà régis* *par l'affectivité, peur, haine, amour, sans oublier l'affectivité passive de la paresse.* **P.D.B. 192**

Il dit encore : *L'aptitude de l'esprit à s'approprier ce qui lui est étranger se manifeste dans sa forte tendance à assimiler le nouveau à l'ancien, à simplifier le complexe, à négliger ou repousser l'hétérogène ; de même il souligne arbitrairement, isole et falsifie à sa convenance certains traits de ce qui lui est étranger et appartient au « monde extérieur ».* **XVI - 235**

D'où l'on peut conclure avec **Nietzsche** que : *La volonté de parvenir à la certitude naît de la crainte que produit l'incertitude.* **Hum. 2**

4. La grande raison du corps

« Je suis corps et âme », *dit l'enfant. Et pourquoi ne parlerait-on pas comme les enfants !* **Zarathoustra**

On a vu que la psychologie traditionnelle considérait l'esprit et le corps comme foncièrement distincts et devant être étudiés séparément ; que pour elle l'esprit devait avoir la prééminence de par ses capacités de compréhension du monde, d'organisation, de logique et de régulation de tout ce qui s'accomplit dans l'être humain et accède à la conscience claire. Que par contre les fonctions du corps s'accompliraient en vertu de mécanismes inconscients qui

Découverte de Nietzsche

n'interviendraient en rien dans la personnalité psychique. Je l'ai déjà dit plus haut, mais cela vaut d'être répété ici.

Dans cette conception traditionnelle, on regardait le corps comme un instrument de l'esprit. *Autrefois*, écrit **Nietzsche,** *on voyait dans la conscience de l'homme, dans l'esprit, une preuve de son origine supérieure, de sa divinité. Pour perfectionner l'homme, on lui conseillait de rentrer ses sens en lui-même, de supprimer ses relations avec les choses terrestres, d'écarter l'enveloppe mortelle ; il ne restait de lui que l'essentiel « l'esprit pur »* **Antéchr. 14**

Pour **Nietzsche,** c'est le contraire qui est vrai : l'esprit est un instrument du corps. Il déclare : *Nous considérons que c'est par une conclusion prématurée que la conscience humaine a été si longtemps regardée comme le plus haut degré de l'évolution organique et la plus remarquable de toutes les choses de ce monde, voire comme leur efflorescence suprême et leur point culminant. Ce qui est le plus remarquable, c'est bien plutôt le corps. On ne se lasse pas de s'émerveiller à la pensée que le corps humain est devenu possible, que cette collectivité prodigieuse d'êtres vivants, tous dépendants et subordonnés, mais en un autre sens dominants et doués d'activité volontaire, puisse vivre et croître à la façon d'un tout et subsister quelque temps. Et de toute évidence cela n'est pas dû à la conscience. L'admirable cohésion des vivants les plus multiples, la façon dont les activités supérieures et les activités inférieures s'ajustent et s'intègrent les unes aux autres, cette obéissance multiforme, non pas aveugle, bien moins encore mécanique, mais critique, prudente, soigneuse, voire rebelle, tout ce phénomène du corps est, du point de vue intellectuel, aussi supérieur à notre conscient, à notre « esprit », à nos façons conscientes de penser, de* *sentir et de vouloir que l'algèbre est supérieur à la table de multiplication. Guidés par le fil conducteur du corps, nous apprenons que notre vie n'est possible que grâce au jeu concerté de nombreuses intelligences de valeur très inégale.* **XIII - 599**

Il ajoute dans le même sens : *Il y a dans le moindre phénomène corporel une sagesse pratique étrangère à notre savoir le plus élevé, une façon de prévoir, de choisir, de rapprocher, de séparer, etc. Bref, nous sommes là en présence d'une activité qu'il faudrait attribuer à une intelligence infiniment supérieure et douée d'une faculté de prévision autrement étendue que celle dont nous avons conscience.* **XVI - 676**

Et il conclut : *Nous n'avons aucun organe assez subtil pour le monde intérieur, de sorte que nous ressentons comme une unité la complexité la plus multiforme... Parmi les mouvements de notre corps, le plus grand nombre n'a rien en commun avec la conscience ni avec le sentiment. Les sentiments et les pensées sont des choses extrêmement menues et rares en comparaison des événements innombrables qui remplissent les moindres instants. Quiconque s'est fait du corps une représentation tant soit peu exacte des nombreux systèmes qui y collaborent, de tout ce qui s'y accomplit en solidarité et en opposition réciproques, de la subtilité extrême des compromis qui s'y établissent, jugera qu'en comparaison toute espèce de conscience est pauvre et étroite, que nul esprit ne suffirait, même de loin, à la tâche qui incomberait ici à l'esprit.* **XIII - 382**

En accord avec sa doctrine, que j'ai déjà exposée plus haut, **Nietzsche** se reporte toujours à l'origine biologique de la vie mentale. A l'époque de l'élaboration de sa philosophie, il écrivait à un ami : *Depuis ce moment, je n'ai plus rien fait d'autre que de la physiologie, de la médecine et des sciences naturelles.*

Découverte de Nietzsche

On pourrait penser, bien que nous n'en ayons aucune preuve, qu'il a eu connaissance de l'œuvre du grand physiologiste français **Claude Bernard ;** qui, le premier, a mis en évidence les phénomènes essentiels de régulation qui s'accomplissent dans l'organisme corporel, et qui lui confèrent son unité (1). De cette unité, **Nietzsche** dit : *Si j'ai quelque unité en moi, elle ne réside certainement pas dans mon moi conscient, dans le sentir, le vouloir, le penser. Elle est ailleurs, dans la sagesse globale de mon organisme, occupé à se conserver, à assimiler, à éliminer, à veiller au danger, et de cela, mon moi conscient n'est qu'un instrument.*
XIV - 1 - 74

Et, développant cette affirmation générale, il soutient que la majorité des phénomènes conscients ont leur origine dans l'activité de l'organisme corporel : *Toute espèce d'inclination, d'amitié, d'amour est en même temps physiologique. Nul ne sait à quelles profondeurs ni à quelles hauteurs atteint la réalité physique.* **IX - 13**

Et : *Derrière tes pensées et tes sentiments, mon frère, se tient un maître puissant, un Sage ignoré ; il demeure en ton corps ; il est ton corps.* Zarat.

Il convient alors de se demander quel rôle **Nietzsche** compte assigner à la conscience. Pour commencer, il en réduit beaucoup l'importance comme on l'a vu plus haut ; mais ensuite il lui restitue sa place, qui, on le verra, n'est pas négligeable. Dans « ***Ainsi parlait Zarathoustra*** » il

---

(1) Plus près de nous, le physiologiste américain Cannon, poursuivant les travaux de Claude Bernard, a intitulé le livre qui condense son œuvre « La sagesse du corps ».

Découverte de Nietzsche

déclare : *C'est le corps créateur qui se forgea l'esprit comme une main de sa volonté.* Voici comment il faut interpréter cette sentence au premier abord sibylline : la main est un organe subtil, doué de beaucoup de finesse (sensibilité) et d'agilité (motilité). Nous pouvons par elle explorer le monde qui nous entoure et le saisir. Mais seule, isolée du corps auquel elle appartient, elle ne peut rien, car elle n'a pas de force ; elle n'est qu'une antenne que le corps s'est formée pour entrer en relation avec le milieu extérieur ; de ce corps elle reçoit donc sa force émettrice et ses motivations ; elle obéit à sa « volonté ». De la même façon, le conscient est une fonction de communication avec le monde environnant ; son champ est limité, car il se borne à satisfaire les besoins essentiels du corps ; toutefois il est bien loin de pouvoir les satisfaire tous dans leur complexité multiforme ; comme on l'a vu. Mais **Nietzsche** a très bien perçu que cette limitation des pouvoirs du conscient est indispensable pour nous permettre d'agir sans être embarrassé par une trop grande multitude d'éléments. D'où il apparaît que le conscient a surtout une fonction de tri, de sélection, comme on va le voir au chapitre suivant.

5. Le Surhomme

L'homme est ce qui doit être dépassé. **Zarathoustra**

Le thème de la volonté de puissance et de la vie ascendante, dont on a vu qu'il est la clef de la conception nietzschéenne, est intimement lié au thème du ***Surhomme.***
Il me faut d'emblée mettre le lecteur en garde contre une fausse interprétation très courante de ce thème : beaucoup, même parmi les philosophes, ont vu dans le Surhomme de ***Nietzsche*** l'homme qui dépasse les autres, les domine, à la manière d'un maître avec ses esclaves. Il faut convenir que certains textes de ***Nietzsche*** peuvent à la rigueur prêter à une telle interprétation ; mais il faut avoir toujours présent à l'esprit que ***Nietzsche*** est surtout un introverti, un homme de vie intérieure, et que son idée maîtresse — déjà exprimée pour la volonté de puissance — est que l'homme doit se dépasser lui-même. On a aussi dans le même sens reproché à ***Nietzsche*** d'avoir opposé ce qu'il appelle la morale des maîtres et la morale des esclaves, interprétant cela comme s'il s'agissait de deux races d'hommes différentes, qui seraient maîtres ou esclaves en quelque sorte par droit de naissance. Mais ce n'est pas l'idée de ***Nietzsche;*** son idée, c'est qu'il y a en chacun de nous, coexistant, un maître et un esclave ; que nous appartenons à la classe des maîtres dans la mesure

Découverte de Nietzsche

où nous pouvons nous dépasser, triompher des tendances esclaves que nous avons en nous, et réciproquement que nous restons esclaves si nous ne pouvons nous dominer. ***Nietzsche*** l'exprime très nettement dans ce texte : *Dans toute civilisation supérieure qui présente des caractères mêlés, on peut reconnaître des tentatives pour accommoder entre elles les deux morales* (celle des maîtres et celle des esclaves), *plus encore la confusion des deux en malentendus réciproques. On rencontre même parfois leur étroite juxtaposition, qui va jusqu'à les réunir dans un même homme, à l'intérieur d'une seule âme.* **XV - 286**

Tout se résume ici dans la plénitude de vie, ou, pour m'exprimer autrement, dans la *force du moi*. Comme on l'a vu, ***Nietzsche*** oppose nettement les individualités fortes aux individualités faibles, qu'il appelle encore « les hommes du troupeau », parce qu'ils suivent passivement les opinions et les directives de la société dont ils font partie.

Selon sa méthode psychologique constante, il approfondit en les concrétisant les mots trop abstraits de notre langage habituel ; par exemple, comme on l'a vu déjà, le mot « égoïsme » dont il dénonce l'ambiguïté : *L'égoïsme ! Mais personne n'a jamais demandé de quelle sorte d'ego il s'agit ! Chacun suppose implicitement que tout ego est égal à un autre. Telles sont les conséquences de la théorie d'esclave du suffrage universel et de la prétendue égalité.* **XV - 364**

Dans sa conception du Surhomme, ***Nietzsche*** met précisément en valeur l'égoïsme de l'homme d'élite, du créateur, en l'opposant à l'égoïsme pauvre des sujets incapables de créer. Il écrit : *Méconnaissance de l'égoïsme de la part des natures vulgaires qui ignorent tout de la soif de conquête et* *de l'insatiabilité du grand amour, qui ignorent aussi ces sentiments de puissance jaillissante, qui subjuguent, conquièrent de force, serrent leur conquête sur leur cœur — la passion de l'artiste pour sa matière —. Dans l'égoïsme vulgaire, c'est justement le non-moi, l'être profondément médiocre, l'homme grégaire, qui veut se conserver.* **XVI - 873**

On peut dire dans le même sens, que **Nietzsche** exalte ici les vertus héroïques, celles par lesquelles l'homme expose sa vie, mais non les vertus passives, qui ne visent qu'à sa conservation, au maintien d'un statu quo protecteur. Dans son « **Zarathoustra** », il exprime par une métaphore la situation de l'homme qui ambitionne de se dépasser : *L'homme est une corde tendue entre la bête et le surhomme, une corde au-dessus d'un abîme. Dangereux est le passage, dangereux le cheminement ; dangereux le regard en arrière, dangereux la peur et l'arrêt.* Par cette métaphore, il compare l'homme héroïque à un danseur de corde, et il souligne les dangers que celui-ci doit affronter : le danger d'avancer sur cette voie difficile, le danger de revenir en arrière, enfin le danger de prendre peur et de s'arrêter en chemin.

Ainsi, pour **Nietzsche,** le mal, c'est la passivité, c'est cette obéissance passive à l'ordre régnant qui caractérise l'homme du troupeau ; par contre, l'homme faible voit le mal dans la vigueur des passions, dans l'indépendance qui s'affirme, dans l'action combative. Ainsi donc, pour le faible, le mal, c'est la force, qu'il redoute ; tandis que pour l'homme fort, le mal réside dans la faiblesse, qu'il méprise.

Pour l'homme qui cherche à se dépasser, la plénitude de vie impose comme une vertu majeure l'action décidée et accomplie, et par là, il s'affirme, affirme sa surabondance vitale, tandis qu'à l'inverse, il considère l'abstention, l'humilité, le renoncement à la lutte et à la vie comme des signes de décadence.

Un des meilleurs critiques de **Nietzsche, Thierry Maulnier** le dit très bien ; il déclare : *La morale de Nietzsche est une morale de la vie ; elle ne condamne que les vies asservies et déchues. L'effort de discernement qu'elle propose ne s'applique pas au Bien et au Mal traditionnels, mais à la qualité et à l'intensité vitales. Le meilleur et le plus vivant se confondent. Le reproche que fait Nietzsche à l'homme civilisé est celui d'une vitalité diminuée... Le seul mal de l'humanité moderne est sa lassitude de vivre, la renonciation à conquérir, à souffrir, à vaincre, la fatigue des instincts.*

Il est indispensable de tenir compte de ces remarques pour donner leur véritable sens aux mots du langage psychologique, dont le caractère abstrait induit souvent en erreur. **Nietzsche** donne l'exemple du mot « bonheur » : *La grande confusion faite par les psychologues a consisté à ne pas distinguer deux sortes de plaisir : celui de s'endormir et celui de triompher. Les épuisés souhaitent le repos, la détente de tous leurs membres, la paix, le silence ; c'est ce que les religions et les philosophies nihilistes appellent le « bonheur ». Les êtres riches et vivants veulent la victoire, l'ennemi vaincu, la diffusion de la sensation de puissance dans un domaine plus vaste qu'auparavant.*

XVI - 703

Si l'on garde quelque doute sur le sens qu'il faut donner à la volonté de puissance, sur le sens du mot surhomme, et si l'on persiste dans l'erreur dénoncée plus haut de confondre le dépassement nietzschéen de soi avec la puissance matérielle, si prisée à notre époque, que l'on médite alors cette remarque si profonde de notre philosophie : *Regardez-les donc, ces « inutiles »! Ils accumulent des richesses et n'en sont ensuite que plus pauvres. C'est la puissance qu'ils veulent, ces impuissants, et, pour commencer, le levier de la puissance, beaucoup d'argent! Zarath.* I

Lorsqu'on veut opposer, selon la « méthode de symétrie » chère aux moralistes, l'altruisme et l'égoïsme, comme on oppose le Bien et le Mal, **Nietzsche** répond : *Il n'y a pas d'actions désintéressées. Les actes d'amour et les actes d'héroïsme sont si peu désintéressés qu'ils sont justement la preuve d'un moi fort et riche. Les pauvres n'ont rien à donner; pas plus qu'ils n'ont la grande audace, ni le goût de l'aventure, lesquels sont partie intégrante de l'héroïsme.* **XVI - 440**

Nietzsche le dit et le redira plusieurs fois : les oppositions de qualités et de défauts auxquelles on se complaît dans un esprit de schématisation artificiel, peuvent bien correspondre à la mentalité des hommes du commun, qui ne réussissent jamais à dépasser lesdites oppositions. Mais dès qu'un homme s'élève, se dépasse, les contraires en lui, au lieu de s'affronter sans issue, s'harmonisent et créent une personnalité forte. *Chez toute race vigoureuse et restée proche de la nature, l'amour et la haine, la reconnaissance et la rancune, la bienveillance et la colère, l'action positive et l'action négative sont étroitement liées l'une à l'autre. On est bon, à la condition de savoir être méchant; on est méchant parce qu'autrement on ne saurait être bon.* **XV - 351**

Et cette notion de complémentarité, s'appliquant à tous les grands hommes, nous éclaire sur la complexité de leur personnalité, souvent déconcertante au premier abord : *Les grands hommes ont sans doute de grandes vertus, mais ils en ont en même temps l'antidote. Je pense que c'est de ces contradictions que naît justement le grand homme, l'arc le plus tendu qui soit.* **XVI - 967**

Il apparaît que l'exposé précédent devrait suffire à faire comprendre ce que ***Nietzsche*** entend par le surhomme. Et cependant, je dois dénoncer une autre confusion qui s'est établie dans l'esprit de certains à la suite des publications d'un psychiatre viennois ***Adler,*** lequel, déformant la pensée de ***Nietzsche,*** a vu dans la volonté de puissance du surhomme *une surcompensation à un sentiment d'infériorité.*

La théorie d'***Adler,*** il faut le reconnaître, est basée sur des observations justes : constatant la fréquence avec laquelle des sujets atteints d'une infériorité organique ou psychique cherchent à compenser celle-ci en développant en eux-mêmes tout ce qui peut rétablir leur équilibre, le psychiatre viennois en a fait une loi générale, confondant en cela deux situations foncièrement différentes : la volonté de puissance nietzschéenne, qui est l'émanation directe de la plénitude de vie des êtres sains et forts, et la volonté de puissance réactionnelle à une faiblesse dont on cherche à corriger les effets néfastes. On a beaucoup parlé de ce processus de surcompensation, depuis l'exemple antique de Démosthène qui, étant bègue, était parvenu par un entraînement intensif à devenir un grand orateur. On a vu aussi des sujets, atteints de paralysie musculaire partielle, la compenser et devenir de grands sportifs. Il n'est pas douteux que, dans beaucoup de cas, les conceptions de ***Nietzsche*** et d'***Adler*** se rejoignent, et qu'il faut d'ordinaire, pour compenser une infériorité, disposer par ailleurs d'une grande plénitude de vie. Mais il est de nombreux cas aussi où cette surcompensation a un caractère nettement névrotique et se montre par conséquent fragile. Certains propagandistes de la théorie d'**Adler** ont prétendu que **Nietzsche** s'était inspiré, dans sa conception du surhomme, du roman de **Dostoïevski** « Crime et Châtiment » dans lequel un étudiant du nom de Raskolnikoff a, pour prouver sa supériorité, assassiné presque gratuitement deux femmes. Mais c'est précisément dans cet exemple qu'apparaît nettement l'erreur où est tombé **Adler** en généralisant sa thèse ; car Raskolnikoff n'a rien d'un surhomme ; tout au contraire, il a un sentiment humiliant de son infériorité et cherche à le surcompenser en s'affirmant à n'importe quel prix. Ses déclarations après le crime le prouvent nettement : « Il me tardait de savoir si j'étais un être abject comme les autres ou bien un homme dans la vraie acception du mot ; si j'avais en moi ou non la force de franchir l'obstacle ; si j'étais une créature tremblante ou si j'avais le droit... ».

On voit nettement par cet exemple combien l'affirmation de soi par la violence est non seulement différente, mais encore tout à l'opposé de l'affirmation de soi résultant de la plénitude de vie d'une personnalité riche.

Chapitre II

LA SANTÉ, LA SOUFFRANCE ET LA MALADIE

L'adaptation repose, comme on l'a vu au chapitre précédent, sur les deux instincts d'expansion et de conservation. **Nietzsche** privilégie l'instinct d'expansion, qui est l'instinct des natures vigoureuses, lié à la vie ascendante et créatrice. Et, s'il relègue au deuxième rang l'instinct de conservation, celui de la vie décadente, il n'en affirme pas moins sa nécessité dans toutes les situations où l'homme doit se défendre contre un péril extérieur. L'on notera qu'en de nombreux passages de son œuvre, il parle conjointement des « besoins de la conservation et de la croissance ».

C'est qu'en effet, les deux instincts opposés sont souvent à l'œuvre en même temps dans la lutte contre la maladie, et **Nietzsche** montre que, dans toute lutte, il y a souffrance, que cette souffrance est nécessaire et contribue à l'édification de personnalités vigoureuses : Signification de la souffrance - I -

De même, la maladie fait partie des conditions qui permettent la survie d'un organisme, et, avec une profonde sagesse, **Nietzsche** oppose ici la santé facile des gens qui n'ont jamais connu la maladie, à la santé conquise de haute lutte par l'effort de l'organisme pour triompher des atteintes morbides : La valeur de la maladie - II -

Pour notre psychologue, la valeur d'un homme réside principalement dans cette lutte contre les agressions extérieures, et, plus on est grand par ses capacités créatrices, plus les conflits intérieurs douloureux sont intenses, ce qui nous explique leur grande fréquence et, pourrait-on presque dire, leur nécessité chez les hommes de génie.

1. Signification de la souffrance

Les grands hommes sont ceux qui souffrent le plus de l'existence, mais qui disposent aussi des plus grandes forces pour réagir. XIII - 88

Bien qu'il ne fût pas médecin, **Nietzsche,** se fondant sur sa propre expérience de la vie, a posé d'une manière originale le problème de la douleur et de la maladie. Loin de les considérer comme des maux qu'il faut combattre à tout prix, ainsi qu'on le fait d'ordinaire, il les voit comme inhérents au processus même de la vie. Il déclare que les symptômes de la maladie — et notamment la douleur — sont dans la plupart des cas les signes d'une défense vitale énergique, qui tend à préserver la santé. Il commence par

justifier dans une perspective physiologique la nécessité de la douleur : *S'il est vrai que toute force ne peut se manifester que contre des résistances, il y a dans toute action une dose de souffrance nécessaire, mais cette souffrance agit comme un stimulant de la vie.*
XVI - 694

Deux notions essentielles se dégagent de ce texte. La première est que la souffrance est inhérente à toute action qui se heurte à la résistance de l'environnement. La seconde est que, loin de paralyser l'action, elle peut être au contraire un stimulant de celle-ci. Soulignons la parfaite concordance de cette conception avec la thèse nietzschéenne du primat de la vie ; il convient, on l'a vu, d'opposer, avec **Nietzsche,** la vie ascendante et la vie décadente. Notre philosophe dénonce comme un signe de vie décadente l'opinion de beaucoup de gens selon laquelle la souffrance est un mal qu'il faut supprimer par tous les moyens possibles, opinion rationalisée dans les doctrines dites eudémonistes ; *Ce qu'ils cherchent de toutes leurs forces à réaliser, c'est le bonheur du troupeau, le vert pâturage, l'absence de danger, la sécurité, le bien-être, la facilité de vie pour tous. Les deux mots d'ordre qu'ils répètent sans se lasser, c'est « l'égalité des droits » et « la pitié pour ceux qui souffrent ». Ils pensent que la souffrance est une chose qu'il faut abolir.*

Et immédiatement il contre-attaque : *Nous, au contraire, nous avons les yeux et la conscience ouverts au problème suivant : où et comment la plante humaine est-elle jusqu'à présent parvenue à sa croissance la plus vigoureuse ? Nous pensons que cela s'est toujours produit dans des circonstances diamétralement opposées, qu'il a fallu que le péril environnant la vie humaine grandît... pour que son vouloir vivre s'intensifie jusqu'à la volonté de puissance.*

Ce texte nous conduit donc à distinguer deux modalités différentes de la douleur suivant le degré de la plénitude de vie. Selon **Nietzsche,** la souffrance est d'autant plus grande que la défense de l'organisme est plus vigoureuse. *Mais, ajoute-t-il, on l'a confondue avec une sorte de douleur qui est celle de l'épuisement ; celle-ci représente une dépression de la volonté de puissance, une perte notable de force. Cela signifie qu'il existe : 1. Une douleur qui est un moyen d'excitation aux fins de fortifier la puissance ; 2. une douleur qui succède à une dépense excessive de puissance. Dans le premier cas, un stimulant ; dans le second les conséquences d'une excitation excessive. L'incapacité est propre à cette seconde sorte de douleur ; la provocation à la résistance appartient à la première.* **XVI - 703**

De là, il est conduit tout naturellement à souligner, comme on l'a vu en tête de cet article, que plus la valeur d'un homme est grande, plus il est exposé à des souffrances particulièrement intenses, du fait que, chez un grand homme, tout est grand. Il va jusqu'à dire dans le même sens : *Qu'un grand penseur soit sujet par moments à se tourmenter lui-même par hypocondrie, il n'aura qu'à se dire en guise de consolation « C'est de ta grande force personnelle que ce parasite se nourrit et s'accroît ; si elle était moindre, tu aurais moins à souffrir ».* **Hum. I - 615**

Comme on le voit souvent affirmé dans la philosophie de **Nietzsche,** la valeur d'un homme dépend en général des puissants antagonismes qui sont en lui, engendrant un flux de forces particulièrement intense ; c'est ce qu'on est en droit d'appeler « l'harmonie des contraires ». L'on en a un exemple ici : c'est parce qu'un homme est largement

ouvert aux influences de son environnement qu'il est amené, pour se prémunir contre les intrusions nocives, à se défendre et, partant, à souffrir. Mais **Nietzsche** souligne qu'il y a une contrepartie : *C'est seulement à la condition de rester toujours ouvert de toutes parts et jusqu'en son tréfonds à la douleur que l'homme peut avoir accès aux variétés les plus élevées et les plus délicates du bonheur, en tant qu'il est l'organe le plus sensible, le plus excitable, le plus sain, le plus variable et le plus durable de la joie et de tous les ravissements de l'esprit et des sens.*
XII - I - 417
Par voie de réciprocité, **Nietzsche** pense que, pour être un créateur, il faut avoir souffert et avoir assumé la souffrance. Il déclare aux eudémonistes ; *Vous voudriez si possible — et ce « si possible » est la plus insigne folie — abolir la souffrance. Et nous, nous voulons la vie plus dure. Le bien-être tel que vous le concevez, mais ce n'est pas un but, c'est selon nous une fin, un état qui ferait aussitôt de l'homme un objet de risée et de mépris, qui rendrait sa disparition souhaitable. C'est à l'école de la souffrance, de la grande souffrance — ne le saviez-vous donc pas ? — c'est seulement sous ce dur maître que l'homme a accompli tous ses progrès. Cette tension de l'âme qui, sous le poids du malheur, se raidit et apprend à devenir forte, ce frémissement qui la saisit en face des grandes catastrophes, son ingéniosité et sa vaillance à supporter, à endurer, à interpréter, à utiliser l'infortune, et tout ce qui lui fut jamais donné de profondeur, de mystère, de dissimulation, de sagesse, de ruse, de grandeur, tout cela, ne l'a-t-elle pas appris à l'école de la souffrance ? Il y a dans l'homme un « créateur » et une « créature ». Il y a dans l'homme quelque chose qui est matière, fragment, argile, boue, non-sens, chaos ; mais il y a aussi dans l'homme quelque chose qui est créateur, sculpteur, dureté*

du marteau, contemplation d'artiste, allégresse du septième jour. **P D B - 124**

Il ressort de ces lignes une conception héroïque de la vie, conception qui était effectivement celle de **Nietzsche,** car toute sa vie il avait eu à lutter contre de vives souffrances, des maux de tête et des maux d'yeux, qui l'ont obligé à se démettre de ses fonctions de professeur de philologie et l'ont condamné à la solitude. Pour lui, bien loin d'être annihilantes, ces souffrances ont constitué un stimulant de la seule activité qui lui restait permise; l'activité du penseur, du philosophe, ce qui lui a fait écrire : *Je doute qu'une grande douleur « améliore », mais je sais qu'elle nous rend plus profond.*

Il revient souvent sur ce thème : *Il nous faut constamment enfanter nos pensées du fond de nos souffrances.* **Préface du G.S.**

Seule la grande souffrance est la suprême libération de l'esprit. **Crépusc.**

N'est-ce pas là l'expérience de la plupart des grands hommes, et ne convient-il pas de citer, à l'appui de l'opinion de **Nietzsche,** ces vers célèbres d'un de nos grands poètes : *l'homme est un apprenti, la douleur est son maître, et nul ne se connaît tant qu'il n'a pas souffert* **(A. de Musset).**

Et ce que **Paul Valéry,** parlant du poète, a écrit au fronton du Musée de l'Homme : *Sa peine bien-aimée le réconforte.*

2. La valeur de la maladie

Ce qui ne me tue pas me rend plus fort. **(Crépusc.)**

Selon **Nietzsche,** la maladie est partie intégrante, comme la douleur, des conditions mêmes de la vie. Comme la douleur, elle est une réaction de défense contre les agressions nocives du milieu, défense qui est d'ordinaire à la mesure de la vigueur de l'organisme. Notre auteur déclare : *Un être naturellement morbide ne peut pas guérir, ni surtout se guérir. Au contraire, pour un être naturellement sain, la maladie peut être un stimulant énergique qui met en jeu et même surexcite l'instinct de vie.* **E. H.**

Davantage encore, **Nietzsche** souligne que la santé d'après la maladie, celle qui se rétablit au moment de la guérison, est *le fruit de la conquête et de la souffrance,* non pas un bien gratuit tout simplement reçu, mais le résultat d'une lutte courageuse de l'organisme. Elle est de ce fait une forme de santé supérieure, laquelle a beaucoup plus de prix que le bien-être facile de ceux qui se sont toujours bien portés, qui n'ont jamais eu à subir la souffrance ni la maladie. Il est en effet bien connu en Médecine que lorsqu'un homme a triomphé d'une maladie grave par la seule résistance de ses forces intérieures, il est d'ordinaire prémuni contre de nouvelles atteintes de cette maladie, et même possiblement contre des atteintes d'une autre

Découverte de Nietzsche

nature — ce qui se trouve synthétisé dans la science par la notion *d'immunité*.

Ainsi donc, c'est en réfléchissant sur son expérience personnelle que **Nietzsche** est parvenu à cette conception de la maladie comme réaction de défense : *Je me suis souvent demandé si je ne devais pas beaucoup plus aux années les plus difficiles de ma vie qu'à toutes les autres... Je dois à ma longue maladie une santé supérieure, une santé qui se fortifie de tout ce qui ne la tue pas.* **Crépusc.**

A dire vrai, la conception de **Nietzsche** vise surtout ces cas, très fréquents en médecine, où l'homme est atteint dans la totalité de son être, corps et âme intimement associés dans une défense commune, et qu'on appelle de ce fait les « maladies psycho-somatiques ». **Nietzsche** a lui-même eu à pâtir durant presque toute son existence de troubles de ce genre, et il était pleinement conscient du rôle que jouait dans l'évolution de sa maladie sa condition nerveuse et morale. Il écrivait à un de ses amis : *Des gens comme nous, comme vous et moi, ne souffrent jamais uniquement du corps ; chez eux, tout est étroitement lié à des « crises spirituelles ». Je ne vois donc pas du tout comment les pharmacies et les cuisines pourraient à elles seules me rendre la santé.* Il ajoutait : *ma santé est liée à mes espérances : je me porte bien quand j'espère.*

Il va plus loin : selon lui, la lutte victorieuse soutenue par un organisme malade n'a pas seulement pour effet d'accroître la résistance physique du sujet à la maladie (« *ce qui ne me tue pas me rend plus fort* »). Elle détermine aussi, quand elle se prolonge, une transformation de la personnalité dans le sens d'un accroissement de la vigueur de l'âme, par concentration des forces à l'intérieur de l'être.

Découverte de Nietzsche

Le philosophe français **Maine de Biran,** qui était un introverti, et de santé fragile, exprime cela dans une formule concise en disant : « *La santé nous porte vers les objets extérieurs ; la maladie nous ramène chez nous.* »

Nietzsche a personnellement vécu cette situation, et, selon sa propre déclaration, elle a déterminé sa carrière.

En premier lieu, la maladie qui, comme on l'a vu, l'a obligé à résilier ses fonctions de professeur de philologie, lui a permis de se consacrer entièrement à sa vocation philosophique : *Je m'aperçus soudain, avec une clarté impitoyable, combien de temps j'avais déjà gaspillé, combien toute mon existence de philologue s'avérait stérile au regard de ma véritable mission... La maladie me dégagea lentement de mon milieu... Elle me donna le droit de changer complètement mes habitudes ; elle me permit, elle m'ordonna de me livrer à l'oubli. Elle me fit l'hommage de l'obligation de demeurer couché, de rester sans rien faire que d'attendre, de prendre patience ; mais c'est justement là ce qu'on appelle « penser ». A eux seuls mes yeux suffirent à mettre fin à toute préoccupation livresque, à toute philosophie : je fus délivré des livres.*

Ce moi intérieur, ce moi enfoui en quelque sorte et forcé au silence à force d'entendre sans cesse un autre moi (« lire » n'est pas autre chose), ce moi intérieur s'éveilla lentement, timidement, avec hésitation, mais il finit enfin par parler de nouveau. **E. H.**

En second lieu, comme il vient d'être évoqué, la maladie favorise le processus d'intériorisation, qui permet au sujet malade de sonder son âme jusqu'en ses profondeurs, et c'est aussi de son expérience personnelle que **Nietzsche** parle quand il dit : *La condition des gens malades, torturés longtemps et atrocement par leur souffrance, mais dont*

l'intelligence n'en est cependant pas affectée, ne manque pas de valeur pour la connaissance, sans même parler des bienfaits intellectuels qu'apporte avec soi toute solitude profonde, toute libération soudaine et permise de tous les devoirs et de toutes les habitudes... La tension extrême de l'intellect, qui veut tenir la douleur en respect, fait que tout ce qu'il regarde s'éclaire désormais d'une lumière nouvelle. Il repense avec mépris à ce monde de brume, confortable et chaud, où s'avance sans arrière-pensée le bien portant.
Aur. 114

Il déclare que c'est à ses souffrances qu'il doit sa philosophie : *C'est dans cet état de souffrance et de renoncement total que je fais les expériences les plus instructives dans le domaine de la morale de l'esprit.* De par sa conception vitaliste de la souffrance et de la maladie : **Nietzsche** nous fait aussi comprendre pourquoi on observe si souvent, dans l'existence des grands hommes, des manifestations morbides de tous genres. Il ne faut pas se hâter de conclure à des tares qui mettraient en cause leur génie créateur. Il faut bien plutôt se demander dans quelle mesure la maladie a pu les amener à faire un retour sur eux-mêmes et à découvrir les secrets de leur être intérieur, et, de surcroît, comment ils ont trouvé en eux-mêmes des ressources pour triompher de leurs défaillances et en faire les instruments d'une plus grande créativité originale.

Chapitre III

LES PASSIONS ET LEUR DEVENIR

Au primat de la vie répond le primat des forces inconscientes. Comme on l'a vu déjà au chapitre premier à propos de « la grande raison du corps », **Nietzsche** renverse l'ordre des valeurs de la philosophie idéaliste, qui privilégiait la raison consciente.

Il montre, en opposant Conscient et Inconscient - I - que la pensée consciente, indispensable à la communication entre les hommes par le langage, est loin d'avoir un rôle primordial dans notre vie. C'est l'inconscient qui, pour la plus large part, nous dirige en secret, règne sur l'organisation de notre corps (« la grande raison du corps »), sur nos instincts, sur notre conduite de chaque jour, sur les choix essentiels que nous faisons dans notre existence.

Mais il nous est montré en même temps que l'inconscient introduit dans la personnalité une duplicité dangereuse, car il est aussi un monde de pulsions sauvages, de passions tumultueuses, qui entrent en conflit avec le moi conscient, celui-ci représentant les règles limitatives qu'impose la société. Un des chapitres les plus importants de la psychologie est, depuis l'avènement de la psychanalyse, l'étude de ces conflits, spécialement ceux qui visent les deux instincts primordiaux : la sexualité et la combativité. L'on verra que **Nietzsche** en a le premier étudié les diverses modalités, notamment Le Refoulement - II - par lequel une scission s'établit entre le conscient, avec les conduites permises par la société, et l'inconscient, siège des processus instinctifs qui confèrent à l'être sa vitalité.

Le refoulement est un facteur fréquent de troubles névrotiques. Quand il est particulièrement intense, on voit même se produire des troubles de caractère inaccoutumés, notamment ceux qu'on désigne par la Mauvaise Conscience - III -.

Il peut advenir cependant que les conflits entre le moi et les instincts se résolvent par des compromis, et que les forces adverses en présence, au lieu de se combattre, s'associent. C'est alors que l'union de toutes les forces vives de la personnalité permet à celle-ci de s'accomplir au maximum, jusqu'à réaliser de grandes œuvres, tant dans le domaine scientifique que dans l'art. Cette situation idéale est La Sublimation - IV -.

L'importance primordiale de l'inconscient se montre également dans la destinée de chacun. On pense communément que cette destinée dépend de facteurs qui nous sont étrangers et que, de ce fait, notre raison ne peut en rien les influencer. C'est vrai, mais souvent aussi, ces facteurs de notre destin sont en nous, au plus profond de nous et nous dirigent par des voies inconscientes : Destinée et Inconscient - V -. Dans la même perspective, l'inconscient s'exprime par les rêves ; ceux-ci représentent en quelque sorte la face cachée de notre personnalité, qui, maintenue dans l'ombre par notre moi éveillé, nous apparaît lorsqu'elle se met en lumière, comme étant d'une importance essentielle pour nous faire comprendre ce qui se trame dans le secret de notre vie intérieure : Le Rêve - IV -.

1. Conscient et Inconscient

Il nous faut rechercher la perfection de la vie dans ses formes les moins conscientes. **XV - 439**

En cela, comme on l'a vu déjà au chapitre précédent, **Nietzsche** s'oppose à la psychologie traditionnelle, qui se définissait l'étude des « faits de conscience » et reléguait l'inconscient dans le domaine des automatismes physiologiques aveugles, considérés comme ne devant intéresser que la médecine du corps. C'est ainsi que, pour citer l'un des philosophes idéalistes les plus marquant de notre époque, **Louis Lavelle** écrit : « *Il ne peut rien y avoir au monde qui soit en dehors de notre conscience.* » Et : « *La conscience ne peut se renoncer elle-même ; c'est qu'elle ne peut mettre au-dessus d'elle l'inconscience, c'est-à-dire les ténèbres et le néant ; c'est qu'elle est nécessairement la valeur suprême et le principe de toutes les valeurs.* »

Tout à l'opposé, il faut reconnaître qu'au 19e siècle,

principalement sous l'influence du mouvement romantique, beaucoup d'écrivains, poètes ou philosophes, avaient pressenti l'importance de l'inconscient dans la vie psychique ; mais cette reconnaissance avait surtout marqué les auteurs allemands et anglais, les écrivains français n'ayant suivi le mouvement que bien plus tard.

Nietzsche, en affirmant avec une force convaincante la prééminence de l'inconscient, était donc dans la ligne de la pensée romantique. Pour lui : *C'est par une conclusion prématurée que la conscience humaine a été si longtemps tenue pour le degré supérieur de l'évolution organique. Dans le processus global d'adaptation et de systématisation, le conscient ne joue aucun rôle.* **XIII - 559**

Et : *Partout où l'adaptation des moyens aux fins est excellente, nous n'avons plus conscience ni de moyens, ni de fins ; l'artiste et son œuvre ; la mère et l'enfant.* **XIII - 589**

Et encore : *Il se pourrait qu'il y ait beaucoup de forces qui, sans parvenir à notre sensibilité, nous influenceraient constamment.* **XVI - 670**

Il conclut : *Il n'y a de parfait que l'acte instinctif.* **XV - 440**

Nous avons déjà vu au chapitre précédent que cette grande importance attribuée à l'inconscient est une des thèses essentielles de **Nietzsche** psychologue. En cela, notre philosophe annonçait la psychanalyse, laquelle, avec **Freud,** a renouvelé complètement notre conception de la psychologie. Nous savons aujourd'hui que l'inconscient joue un rôle primordial dans la vie affective, dans la vie intellectuelle, dans la création artistique. Davantage encore, contrairement à ce qu'on croyait jadis et à ce qu'affirment encore aujourd'hui la plupart des philosophes spiritualistes, c'est l'inconscient qui, pour une large part, dirige notre conduite et même notre destinée. **Nietzsche** le souligne en ces termes : *Nous pourrions penser, sentir, vouloir, nous pourrions aussi agir, dans toutes les acceptions du mot, sans qu'il fût nécessaire que nous ayons conscience de tout cela.* **Gai Sav. 354.** Et il ajoute : *Comme tous les êtres vivants, l'homme pense sans cesse, mais il ne le sait pas. Ce qui de sa pensée devient conscient n'est que la plus petite partie, disons même la partie la plus médiocre et la plus superficielle, car la pensée consciente est la seule qui s'exprime en paroles, c'est-à-dire en signes de communication. Et par là se trouve révélée l'origine même de la conscience : elle est en rapport avec notre besoin de communication.* **Idem**

Tel est donc le rôle du conscient. Selon **Nietzsche,** il est une surface, il est ce qui, de notre personnalité, entre en contact avec le monde extérieur, le monde de nos semblables et nous fait communiquer avec eux. Le conscient, c'est donc le monde de la communication, du langage, des mots par lesquels nous essayons d'exprimer les forces vives qui sont en nous, dans les profondeurs de notre inconscient. C'est ainsi que **Nietzsche** dit : *Tous nos motifs conscients sont des phénomènes de surface. Derrière eux se déroule la lutte de nos instincts et de nos pulsions affectives, la lutte pour la puissance.* **XVI - 474**

Une illustration de cela, facile à comprendre de par sa relative simplicité, est le processus de la perception. Notre conscient croit percevoir un objet du monde extérieur tel qu'il se présente à lui ; mais en réalité, l'impression qu'a faite sur nous cet objet est inconsciente ; elle va se trouver plus ou moins modifiée en nous par notre état affectif du moment, et quand ensuite nous en prenons conscience, ce n'est pas de cette impression à l'état pur, mais transformée. Ainsi peuvent s'expliquer en particulier les erreurs de lecture ou d'audition, par ce processus secret dont nous n'avons pas conscience dans l'instant.

Il en est de même en ce qui concerne notre *destinée*. Nous croyons avoir conscience des raisons qui nous font choisir telle ou telle voie, et nous nous efforçons d'en donner une explication raisonnable. Mais, dit **Nietzsche :** *Notre vocation nous maîtrise, alors même que nous ne la connaissons pas encore ; c'est l'avenir qui dicte à notre aujourd'hui sa conduite.* **Préf. de Hum.**

De même encore, dans le processus de *création*, l'inconscient joue un grand rôle. Nous travaillons consciemment à une œuvre que nous désirons réaliser ; mais il advient souvent que notre conscient, prisonnier des mots du langage, sollicité aussi constamment par les impressions extérieures, ou motivé par des raisons d'opportunité qui n'ont pas grand-chose à voir avec notre but essentiel, nous fait nous égarer ; et il se peut alors que, comme le dit **Nietzsche :** *dans l'intervalle, l'idée organisatrice (inconsciente) qui est appelée à la domination, ne cesse de grandir dans les profondeurs ; elle commence à ordonner, elle ramène peu à peu, des chemins de traverse et des détours, vers la direction principale.* **E.H.**

Ce qui veut dire que, comme on le verra au chapitre VII dans l'étude du processus de création, l'essentiel se fait en silence, presque à notre insu, comme la maturation d'un fruit.

Ajoutons que le conscient n'en a pas moins un rôle important à jouer, lui aussi, en ce qu'il doit faire une sélection. Car, pour agir, il ne faut pas que nous soyons sollicités par un trop grand nombre de situations, et il nous faut donc remplacer la multiplicité des phénomènes inconscients par une unité, celle-ci fût-elle en partie artificielle. Il est par ailleurs indispensable qu'il en soit ainsi pour que nous puissions communiquer avec nos semblables. ***Nietzsche*** dit à ce sujet : *Ce qui de la pensée devient conscient n'est que la plus petite partie, disons même la part la plus médiocre et la plus superficielle, car cette pensée consciente est la seule qui s'exprime en paroles, c'est-à-dire en signes de communication. Et par là se trouve révélée l'origine de la conscience : ma pensée est, comme on le voit, que la conscience ne fait pas proprement partie de l'existence de l'homme en tant qu'individualité, mais bien plutôt de ce qui appartient chez lui à la nature de la communauté et du troupeau.* **Gai Sav. 354**

Il s'en déduit que, contrairement à ce qu'on pense d'ordinaire lorsqu'on affirme que l'originalité d'un individu réside dans sa personnalité consciente telle qu'elle s'affirme dans sa conduite, c'est tout au contraire dans ses puissances inconscientes qu'elle réside.

La formule célèbre du philosophe hellène **Héraclite** « deviens ce que tu es » prend alors tout son sens : ce que « tu es », ce n'est pas ta personnalité sociale, celle que tu connais consciemment, c'est ta personnalité profonde, cachée à tous les yeux, même aux tiens, et qu'il te faut, pour t'accomplir pleinement, pour « devenir ce que tu es », découvrir peu à peu. C'est pourquoi ***Nietzsche*** ajoute au texte précédent : *Chacun de nous,, malgré son désir de se comprendre lui-même aussi individuellement que possible, malgré son désir de « se connaître soi-même », ne prendra dans tous les cas* *conscience que de ce qu'il y a de non-individuel en lui, de ce qui est « moyen » en lui (« moyen » cela veut dire bien entendu « non-original »).* L'étude qui vient d'être faite de l'importance respective du conscient et de l'inconscient nous montre aussi combien la psychologie a évolué depuis l'époque où le dessein essentiel de la philosophie était d'établir *l'unité* de la personnalité, en la fondant sur l'esprit et sur la prééminence de celui-ci. Aujourd'hui nous savons que la personnalité humaine est double (pour le moins). C'est ce qui en fait tout à la fois la richesse et la vulnérabilité.

La richesse, en ce que le conscient, qu'on croyait se suffire à lui-même, a en réalité besoin d'être alimenté constamment par les puissances de l'inconscient. La vulnérabilité, en ce que ces deux domaines du conscient et de l'inconscient représentent, comme on l'a vu, le heurt de la collectivité et de l'individualité, et qu'il y a souvent conflit entre les deux. Comme je le montrerai plus loin, tout le problème est alors de savoir si un équilibre pourra s'établir entre le conscient et l'inconscient, enrichissant la personnalité de ce que chacun de ces deux domaines peut lui apporter, ou si au contraire, l'antagonisme des forces opposées engendrera une névrose plus ou moins paralysante.

2. Les conflits intérieurs, le refoulement

Voilà ce que j'ai fait, dit ma mémoire; mais mon orgueil dit Non! et il reste inflexible. A la fin, c'est ma mémoire qui cède. **P.D.B. 68**

Je viens d'évoquer l'antagonisme qui peut se produire entre les deux instances principales de la personnalité, le conscient et l'inconscient, et j'ai laissé entendre qu'il résulte de ce que le conscient, *le moi*, représente le monde social et éducatif dont le sujet est imprégné dès sa prime jeunesse, tandis que l'inconscient, *le soi*, représente les puissances instinctives profondes, qui émanent chez chacun de nous de la vitalité originelle. On a vu plus haut qu'il pouvait cependant y avoir accord entre les deux; c'est quand l'influence éducative parvient à civiliser les forces instinctives et à les adapter aux exigences de la vie sociale **(cf. parag. 4)**.

Mais l'écart est si grand entre les deux domaines qu'il y a souvent conflit. **Nietzsche** a bien vu, et **Freud** après lui, que lorsque notre moi conscient désapprouve une des tendances de notre personnalité, que ce soit instincts, sentiments ou opinions, il la *refoule* dans la nuit de l'inconscient. Ce processus, **Nietzsche** l'évoque dans la sentence donnée en tête : la mémoire, elle, garde le souvenir de la totalité de nos impressions, que nous les jugions bonnes ou mauvaises, il n'importe; mais l'orgueil du conscient refuse, quant à lui, ce qu'il considère comme mauvais, et il impose alors l'oubli, qui efface le souvenir. Cependant, ajoute **Nietzsche :** *La représentation vaincue n'est pas anéantie, mais refoulée et subordonnée. Rien ne retourne au néant dans le domaine de l'esprit.* **XVI - 388.** Un auteur français moderne **Suarès,** l'exprime bien par cette formule concise : « *Il a mûré ses passions, il ne les a pas vaincues* » **Nietzsche** précise que ce processus de refoulement, s'opposant à l'expansion libre des puissances vitales, résulte de l'organisation sociale collective qui est, de par son essence même, hostile à toute expression de la liberté individuelle. Il a été le premier à montrer que : *Tous les instincts qui n'ont pas de débouché, que quelque force répressive empêche d'éclater au-dehors, retournent en dedans — c'est ce que j'appelle « l'intériorisation » de l'homme —. Ces formidables bastions que l'organisation sociale a édifiés pour se protéger contre les vieux instincts de liberté, ont réussi à faire se retourner tous les instincts de l'homme sauvage, libre et vagabond, contre l'homme lui-même.* **XV - 376**

Avec une grande finesse intuitive, **Nietzsche** a bien vu que les tendances refoulées, ayant gardé leur dynamisme intact, s'efforcent de resurgir dans la conduite du sujet d'une manière qui peut être dangereuse : *Vaincre une impulsion affective signifie la plupart du temps la réfréner et la refouler comme les eaux d'un fleuve ; en d'autres termes rendre le danger plus grand.* **XV - 376**

Il en donne un exemple significatif à propos de la sexualité, en opposant la chasteté spontanée, résultat de la pureté des mœurs, à la continence forcée par refoulement des désirs qu'on considère comme impurs : *Vous ai-je conseillé la chasteté ? Chez quelques-uns, la chasteté est une vertu ; mais chez un grand nombre elle est presque un vice ; ceux-ci sans doute sont continents, mais la chienne sensualité, pleine d'envie, montre son œil dans tout ce qu'ils font.* **Zarathoustra I**

J'y reviendrai plus loin en traitant spécialement de l'instinct sexuel et de son refoulement.

Nietzsche a pressenti également avec une remarquable acuité d'observation ce que les psychanalystes ont décrit par la suite sous le nom de « formations réactionnelles du moi ». C'est un processus très courant qu'il nous faut bien connaître si nous voulons comprendre certains aspects quelque peu insolites de la personnalité : le moi qui refoule a une conscience plus ou moins claire du danger que représente la force des pulsions inconscientes, et, pour mieux assurer leur refoulement, il développe dans le conscient les tendances exactement contraires aux tendances refoulées, tout comme on verrouille avec une force supplémentaire le couvercle d'une chaudière pour empêcher la vapeur de faire issue au-dehors.

L'éducation des enfants repose pour une très large part sur ces formations réactionnelles ; ainsi quand elle vise à substituer l'ordre au désordre, la propreté à la saleté, l'obéissance à l'indiscipline. Mais la recette d'une bonne éducation est ici de faire cette substitution d'une manière progressive, sans heurts, ce qui permet de sauvegarder l'équilibre de la personnalité. Quand, par contre, les formations réactionnelles se font brutalement ou trop rapidement, elles déterminent des comportements excessifs par leur rigidité.

Découverte de Nietzsche

Notre moraliste **La Bruyère** l'avait déjà compris quand il écrivait : *C'est la profonde ignorance qui inspire le ton dogmatique.*

Nietzsche, de son côté, en donne des exemples très significatifs : *L'intransigeance de la pensée est souvent le masque d'une inquiétude d'esprit profonde qui cherche à s'étourdir.* **Hum. 581**

L'intolérance de la morale est une expression de la faiblesse de l'homme : il craint sa propre « immoralité » ; il a besoin de nier ses instincts les plus forts parce qu'il ne sait pas encore les utiliser. **Id.**

Il nous est enseigné par ces exemples que chaque fois qu'on décèle dans la personnalité d'un sujet des traits de caractère d'une rigidité particulière, ne tolérant aucune contradiction, ni même aucune conciliation, c'est qu'il y a chez lui une angoisse sous-jacente dont il tente désespérément d'endiguer la montée à sa conscience. Ainsi en est-il chez tous ceux qu'on appelle des dogmatiques, des fanatiques, des doctrinaires, qui, de fait, n'ont de fermeté que l'apparence.

Il est un autre domaine où la pénétration psychologique de **Nietzsche** se révèle d'une manière saisissante, préludant à ce que décrira plus tard la psychanalyse : c'est celui de la *bisexualité* : on admet aujourd'hui que tout homme a dans sa personnalité une composante féminine, et toute femme une composante masculine. Mais il advient, comme **Jung** l'a bien montré par la suite, que cette composante quelque peu insolite ne soit pas acceptée par le sujet, et que celui-ci la refoule dans son inconscient, la surcompensant même dans son conscient par une formation réactionnelle contraire. On verra ce sujet développé, avec des citations de **Nietzsche** à l'appui, au chapitre suivant.

Davantage encore, **Nietzsche** nous montre que la satisfaction attachée originellement à l'assouvissement de l'instinct peut être déplacée sur la tendance réactionnelle, d'une manière qui va jusqu'à déconcerter notre logique. Il déclare : *Il existe une pratique intellectuelle qui consiste à associer à l'idée de satisfaction une pensée pénible, et cela avec tant d'intensité qu'avec un peu d'habitude, l'idée de satisfaction devient chaque fois elle-même pénible (par exemple lorsqu'un chrétien s'habitue à penser durant la jouissance sexuelle à la présence ou au ricanement du diable, ou pour un crime par vengeance à l'enfer éternel, ou encore au mépris qu'il encourrait, s'il commettait un vol, aux yeux des hommes qu'il vénère le plus).*

Nous observons même ce processus de déformation du caractère dans le domaine rationnel, qu'on aurait pu croire préservé, car la raison nous apparaît comme une des bases essentielles de notre esprit, devant de ce fait échapper au processus inconscient. Or, il n'est pas toujours préservé : il est des cas où la raison logique peut être le résultat d'une réaction de défense contre des pulsions instinctives spécialement fortes. Un des meilleurs critiques de **Nietzsche, Jean Granier** fait très judicieusement remarquer que : *Quand la raison s'arroge la mainmise sur l'ensemble de la vie spirituelle, c'est que les instincts fondamentaux de l'homme sont malades, et qu'on aspire tacitement à se soustraire aux impulsions anarchiques d'une vitalité qui n'est plus assez forte pour conserver l'harmonie naturelle des passions antagonistes* (**cf. Ch. 3 par. 7**)

Le refoulement de la sexualité

Le christianisme a empoisonné Eros; il n'en est pas mort, mais il est devenu vicieux. **P.D.B. 168**

Une remarquable illustration de la théorie du refoulement nous est donnée par l'exemple de la sexualité. On a vivement reproché à **Nietzsche** son hostilité contre le christianisme; mais il faut ici comprendre que, sous le nom de christianisme, notre philosophe vise essentiellement une certaine morale chrétienne qu'on est en droit d'appeler « la morale de l'interdit », s'exprimant par « tu ne feras point... », et qu'au nom du primat de la vie, il veut remplacer cette morale négative par une morale positive (comme on le verra au chapitre 6). On ne peut que lui donner raison quand il déclare : *Les moralistes veulent extirper les passions. C'est la même logique que de dire « si un membre te fait tomber dans le péché, arrache-le » ! Par malheur, dans le cas particulier de l'excitabilité sexuelle, il résulte de cette pratique que non seulement l'homme a un membre en moins, mais que son caractère se trouve émasculé. Il en est de même de cette folie des moralistes qui exige qu'au lieu de dompter les passions, on les extirpe; leur conclusion, c'est toujours que seul l'homme émasculé est un homme vertueux. Cette pensée à courte vue, funeste entre toutes, vise à tarir les grandes sources d'énergie de l'âme, ces torrents si dangereux et si impérieux dans leur jaillissement, au lieu d'en* *d'en domestiquer et d'en économiser la puissance.* **XV - 933**

Et voici un autre texte qui nous éclaire sur la signification du mot « vicieux » utilisé dans la sentence initiale : *Les passions deviennent mauvaises et perfides lorsqu'elles sont considérées avec méchanceté et perfidie. Le christianisme est parvenu ainsi à faire d'Eros et d'Aphrodite, grandes puissances se prêtant à l'idéalisation, des kobolds et des esprits trompeurs sortis tout droit de l'enfer et provoquant des tortures de conscience chez les croyants chaque fois qu'ils ressentaient une excitation sexuelle. N'est-il pas effrayant de transformer des sensations normales et nécessaires en une source de détresse intérieure et de vouloir rendre à ce point la détresse intérieure normale et nécessaire chez tout homme ?* **Aur. 7**

Et *Nietzsche* nous montre, ce que la psychanalyse freudienne confirmera ultérieurement, que le refoulement transforme les pulsions saines en vices : *Lutte contre la sensualité avec ce conseil « si ton œil te scandalise, arrache-le ». Le chrétien qui obéit à de tels conseils et croit avoir tué sa sensualité fait erreur, car celle-ci continue de vivre sur un mode mystérieux et vampirique, et le tourmente sous des déguisements répugnants.*
Hum. II - 83

Davantage encore, *Nietzsche* nous fait voir que, bien loin d'éteindre par là notre sensualité, nous lui donnons une importance qu'elle ne devrait pas avoir ; il déclare : *A la fin, cette diabolisation d'Eros a trouvé un dénouement de comédie ; peu à peu, le diable Eros s'est mis à intéresser les hommes plus que ne le font les anges et les saints. A la faveur de ses racontars et de ses cachotteries dans toutes les questions d'érotisme, l'Église a obtenu que, jusqu'à nos jours encore, les histoires d'amour deviennent le seul véritable intérêt commun à tous les milieux, et cela, avec une exagération qui aurait été incompréhensible à l'Antiquité, et qui finira par sombrer un jour dans le ridicule.* **Aur. 76**

Le lecteur aura pu être arrêté aussi par l'affirmation du philosophe que la sensualité peut, de par le refoulement, revenir tourmenter le sujet « sous des déguisements répugnants ». Il faudrait ici — je ne le ferai que brièvement — évoquer la notion psychanalytique de régression aux stades sadiques de la première enfance, régression qui nous fait comprendre une foule de comportements pervers, dont ce n'est pas dans cette étude le lieu de montrer le caractère odieux.

Le refoulement de l'agressivité

Si tous voulaient se tenir « raisonnablement » à leur place et renonçaient à manifester sans cesse la force et la combativité qui leur sont nécessaires pour vivre, la force propulsive ferait défaut dans le tout. **XII-1-208**

Par ce texte, comme par beaucoup d'autres, **Nietzsche** nous montre que l'instinct combatif est, comme l'instinct sexuel, une manifestation essentielle de la vitalité ; en un mot que « la vie est un combat ». Il ajoute, critiquant de ce point de vue les doctrines égalitaires : *Nous sommes obsédés par une notion erronée de la concorde et de la paix,* *considérées comme l'état le plus utile. En réalité, un puissant antagonisme est nécessaire au développement de quelque chose de bien et de fort dans la vie conjugale, dans l'amitié, dans l'État, les corporations, les sociétés savantes, la religion, dans toute collectivité. L'opposition, l'antagonisme est la forme que prend la force, dans la paix comme dans la guerre. Par conséquent, il importe que les forces en présence soient inégales; sinon elles se compensent et engendrent l'immobilité de l'équilibre.* **XII - 1 - 231**

Mais on confond très souvent agressivité et violence. La violence est l'agressivité des faibles; les actes criminels et les actes de cruauté témoignent fréquemment du doute qu'on a concernant sa puissance d'action virile, doute qui, comme les recherches psychanalytiques l'ont montré, a le plus souvent son origine dans des frustrations graves de l'enfance.

En éducation, il est fréquent que les parents censurent l'agressivité des enfants, parce que, dans leur esprit, l'idéal doit être celui de l'enfant sage, celui qui ne se bagarre jamais. Le résultat d'une telle éducation, quand elle « réussit », est de refouler l'instinct agressif. Ce refoulement peut alors avoir des conséquences très fâcheuses, du même type que celles étudiées à propos de l'instinct sexuel : notamment de priver le sujet de toute la force vive attachée à l'instinct refoulé, c'est-à-dire de lui enlever le dynamisme indispensable à toutes les actions de la vie, à la réussite scolaire aussi bien qu'à la réussite sociale.

Davantage encore, les formations réactionnelles du moi contre l'agressivité ont pour effet de substituer au comportement initial un comportement inverse fait de passivité, de docilité, de douceur. Il convient ici de souligner que cette situation psychologique a été en partie celle de **Nietzsche** lui-même : sous l'influence des contraintes familiales, il a de bonne heure refoulé son agressivité, et, par la suite, ce refoulement s'est maintenu dans sa conduite sociale, dont on a fait remarquer la politesse, la douceur, la délicatesse de manières, la démarche posée, le fait qu'il n'élevait jamais la voix. En revanche, son agressivité s'est maintenue et même s'est exacerbée sur le plan intellectuel, et l'a conduit à écrire ses œuvres de pamphlétaire, en conflit d'une rare intensité avec les valeurs régnantes sociales, morales et religieuses.

Nietzsche a très bien perçu aussi que l'agressivité refoulée peut reparaître (« le retour du refoulé ») sous des déguisements divers. En premier lieu, sous forme de cruauté : *La cruauté peut servir de détente aux âmes tendues et fières qui s'adonnent sans trêve à la pratique des austérités.* **XIV - 1 - 163**

En second lieu, sous la forme d'esprit de contradiction, de critiques systématiques, de dépréciation des autres.

En troisième lieu, l'agressivité refoulée peut se manifester d'une manière tout à fait insolite, sous la forme d'une cruauté dirigée contre soi-même : *Il faut ici chasser bien loin la psychologie grossière de naguère, qui enseignait que la cruauté naît de la vue des souffrances d'autrui. On trouve aussi de la jouissance à souffrir soi-même, à s'infliger de la souffrance.* **E.H.** et il cite à ce propos le cas remarquable de **Pascal,** qui allait, pour se mortifier, jusqu'à vouloir sacrifier son génie intellectuel.

En quatrième lieu, il faut reconnaître que ce refoulement de l'agressivité, substituant à la sauvagerie des mœurs un comportement réactionnel contraire, n'engendre qu'un « vernis » de civilisation, et qu'il suffira de quelque provocation pour faire craquer ce vernis, comme on l'observe couramment au cours des guerres. **Nietzsche** avait une sensibilité particulière pour percevoir ces transformations brusques de l'instinct ; c'est ainsi qu'en 1880, à une époque où il semblait que le progrès industriel des nations européennes avait amené parallèlement un progrès moral irréversible, notre philosophe écrivait : *Le vingtième siècle sera un siècle de barbarie ; la science sera à son service et l'on y vivra dans un danger perpétuel,* faisant preuve par cette déclaration d'une remarquable prescience de ce qui allait advenir.

3. La « mauvaise conscience »

La « mauvaise conscience », c'est le désir d'une chose joint à l'idée que la satisfaction en est dangereuse.
XVI - 738

Ici encore, **Nietzsche** devance **Freud** en posant les bases du problème le plus étrange et en même temps un des plus intéressants de la psychanalyse. A l'élan joyeux de l'être, qui accompagne d'ordinaire toute libération instinctive, il oppose ce qu'il appelle « la mauvaise conscience », le tourment intérieur de l'homme en conflit avec lui-même, et il nous fait assister à la génèse de ce processus, en tant qu'il est la rançon de la contrainte imposée aux instincts par la civilisation. Cela nous ramène à ce qui a été dit antérieurement du refoulement de la vie instinctive, mais nous fait faire un pas de plus dans cette voie mystérieuse : *Je considère la mauvaise conscience comme le profond état morbide où les hommes devaient tomber sous l'influence de cette transformation qui se produisit lorsqu'ils se trouvèrent définitivement enchaînés dans le carcan de la société... Tous les instincts qui n'ont pas de débouchés, que quelque force répressive empêche d'éclater au-dehors, retournent en dedans : c'est ce que j'appelle l'intériorisation de l'homme... Tout le monde intérieur, à l'origine mince à se tenir entre cuir et chair, s'est développé et amplifié, a gagné en profondeur, en largeur, en hauteur lorsque l'expansion de l'homme vers l'extérieur a été entravée. Ces formidables bastions que l'organisation sociale a élevés pour se protéger contre les instincts, ont réussi à faire se retourner tous les instincts de l'homme sauvage, libre et vagabond, contre l'homme lui-même.* **Généal. 16**

Il en résulte cette situation paradoxale à laquelle j'ai déjà fait allusion, que le retournement contre soi produit tout à la fois tourment et jouissance : *Ce travail inquiétant, plein d'une joie épouvantable, le travail d'une âme volontairement déchirée qui se fait souffrir par plaisir de se faire souffrir. La souffrance, la maladie, la laideur, le dommage volontaire, la mutilation, les mortifications, le sacrifice de soi sont recherchés à l'égal d'une jouissance.* **XVI - 738**

On pourrait citer des exemples remarquables de cette situation au premier abord incompréhensible, qu'on a parfois qualifiée de *masochisme*. Le nom de **Pascal** vient tout aussitôt à l'esprit, et plus près de nous celui de **Kafka,** qui a fait de cette situation morbide le thème constant de ses romans.

En ce domaine, une des découvertes psychologiques les plus importantes de **Nietzsche** est exposée dans un des chapitres de « Ainsi parlait Zarathoustra », chapitre intitulé « Le criminel au visage blême », où se trouve formulé pour la première fois le thème du masochisme morbide, devenu par la suite un des problèmes les plus importants de la psychanalyse. Le criminel dont il est question ici est un refoulé, et, comme tel, il a le visage pâle. Il a commis un crime, mais sans savoir pourquoi : certes, il a volé l'argent de sa victime, mais c'était parce qu'il voulait se donner à lui-même une justification; en réalité, il ne voulait pas voler; il voulait commettre un acte qui le ferait punir, car il avait besoin de cette punition pour se délivrer d'une angoisse de culpabilité profonde dont il ne savait pas consciemment la raison. En commettant son acte criminel, il focalisait en quelque sorte son angoisse sur une culpabilité précise, et, comme la punition efface la faute, il espérait obscurément que le châtiment le délivrerait d'une angoisse insupportable. Mais le juge qui le condamne, le juge « rouge », est, lui, un extraverti, qui ignore les secrets de l'inconscient, qui est bien adapté aux règles de la vie sociale et qui les applique en appréciant les conséquences des actes sans se préoccuper des mobiles profonds, puisque ces mobiles, il les a sans doute en lui-même, comme la plupart des hommes, mais les a refoulés. Ce juge a donc bonne conscience, mais, dit **Nietzsche :** *Et toi, juge rouge, si tu voulais proclamer à haute voix tout ce que tu as fait* *jusqu'ici en pensée, chacun alors s'écrierait « Écartez cette ordure, cette bête venimeuse! »*

Nietzsche stigmatise donc ici le « pharisien », l'homme qui a refoulé ce qu'il a en lui de pulsions dangereuses, qui refuse donc de les assumer, avec cette conséquence qu'au lieu de comprendre le problème intérieur de ce criminel, il s'estime en droit de le juger en appliquant les règles. Ce juge n'a jamais plongé un regard lucide en lui-même, dans son inconscient, comme l'a fait le grand poète **Goethe,** lequel déclarait : « Il n'y a pas de crime dont je ne me sois un jour senti capable! » **Goethe** avait en effet compris qu'il suffit souvent de circonstances accidentelles pour faire que ce qui est en puissance chez chacun de nous s'actualise et fasse de nous un criminel. A la suite de **Nietzsche** les psychanalystes ont été amenés à décrire ces personnalités morbides qu'ils ont appelées des « criminels par sentiment de culpabilité », adoptant en cela l'interprétation de notre philosophe.

Il est un autre aspect de ce problème qui a été bien perçu aussi par Nietzsche et exprimé dans un aphorisme remarquable : *Qui se méprise se prise encore de se mépriser.*
P.D.B. 78 L'on a vu plus haut que les mortifications, le sacrifice de soi peuvent être « recherchés à l'égal d'une jouissance ». Il a été souvent dit à ce propos que l'humilité volontaire est une forme de l'orgueil; et l'on pourrait, dans l'esprit de la doctrine nietzschéenne la considérer comme une manifestation déguisée de la volonté de puissance.

4. Sublimation

La vraie culture est l'antithèse absolue de la domestication de l'homme. Le but qu'elle s'assigne, c'est la sublimation des instincts. **XVI - 684**

L'on vient de voir, par l'étude du processus de refoulement, que le Moi se défend contre les instincts sous leur forme grossière et sauvage, par des mécanismes, tant physiologiques que psychologiques, qui visent à rendre les conduites humaines mieux adaptées aux exigences de la vie sociale.

Mais l'inconvénient majeur du refoulement est, comme on l'a vu, de priver la personnalité des richesses en énergie et en réalisation qu'auraient pu leur apporter ces instincts refoulés, et par là, comme le dit **Nietzsche** si justement, de faire d'une capacité une demi-capacité (« l'hémiplégie de la vertu », selon son expression).

Le processus de sublimation, que **Nietzsche** est un des premiers à avoir décrit sous ce nom, opère tout à l'inverse. On connaît l'origine de ce mot, emprunté à la chimie : quand on chauffe dans une cornue des cristaux bruts jusqu'à leur volatilisation, ils se déposent ensuite sur les parois froides de la cornue en cristaux beaucoup plus fins ; cette sublimation est donc un « raffinage », qui sauvegarde les propriétés essentielles du produit initial.

Découverte de Nietzsche

Pareillement, la sublimation d'un instinct grossier consiste à l'épurer, à le transmuer en une pulsion, un sentiment ou une pensée, sans qu'il n'ait rien perdu de sa force vive initiale, mais avec cet avantage que celle-ci est désormais dirigée vers un but socialement acceptable.

Nous sommes ici directement confrontés avec le problème, essentiel en morale, du Bien et du Mal. **Nietzsche** s'élève contre la thèse dogmatique qui oppose d'une manière radicale le Bien et le Mal; le Bien qui, pour la philosophie spiritualiste, serait l'esprit, émanation de la puissance divine dans l'homme; le Mal, qui serait le corps, avec ses instincts, ses puissances sauvages, qu'on voit comme inspirées par le diable. Ainsi encore, on oppose l'homme civilisé (le Bien) à l'homme sauvage (le Mal); mais cette opposition dit **Nietzsche,** est contraire à la nature des choses. *Quand on parle de « l'humanité », on se représente qu'elle pourrait être ce qui sépare et distingue l'homme de la nature. Mais dans la réalité, il n'y a pas de telles séparations : les qualités « naturelles » et les qualités proprement « humaines » sont indissolublement mêlées. Dans ses facultés les plus élevées, les plus nobles, l'homme est tout entier nature et porte en lui cette même inquiétante duplicité. Ses aptitudes redoutables et qui passent pour inhumaines sont peut-être même le sol fertile, le seul d'où peut germer la véritable humanité, tant dans les sentiments que dans les actions et les œuvres.* **IX - 263**

Et il le justifie par ailleurs en invoquant la stimulation que les passions fortes peuvent exercer : *Les esprits forts, les esprits méchants sont de ceux qui, jusqu'à maintenant, ont le plus contribué aux progrès de l'humanité : ils n'ont jamais cessé d'enflammer à nouveau les passions assoupies — toute société bien ordonnée assoupit les passions —; ils n'ont cessé de réveiller l'esprit de comparaison, de contradiction, le goût du nouveau, le goût des tentatives audacieuses, des expériences à instituer.*

Il souligne d'ailleurs qu'il est nécessaire que : *si l'on veut que les instincts les meilleurs et les plus élevés se maintiennent, il faut que tous les instincts dits inférieurs soient présents dans leur fraîcheur et leur force;* ajoutant, conscient des dangers possibles de l'anarchie des puissances inconscientes : *Mais il faut qu'une main ferme tienne le gouvernement de l'ensemble; autrement le danger est trop grand.*

Il donne dans plusieurs sentences des exemples de cette coexistence inévitable du Bien et du Mal : *L'amour et la cruauté ne sont pas des contraires; on les trouve toujours côte à côte dans les natures les meilleures et les plus vigoureuses.*

Et de même : *Il faut être bon et méchant; et quiconque est bon autrement que par faiblesse est toujours méchant à un degré éminent.*

Pour **Nietzsche,** comme on le verra souvent dans cette étude de sa philosophie, l'essentiel est que l'homme ait un but qui lui permette de se dépasser; et dans le Zarathoustra, il déclare : *Autrefois tu avais des passions et tu les disais mauvaises. Mais aujourd'hui il ne te reste plus que tes vertus. Elles se sont développées au sein de tes passions : tu as placé ton but le plus élevé au cœur même de tes passions; elles sont alors devenues pour toi vertus et qualités.* **Zarat. I**

Tel est donc, opposé au refoulement, le processus de sublimation, qui repose sur la thèse que Bien et Mal ne sont pas des opposés, mais dépendent à leur origine de la même source de vie, ce qui se résume dans cette sentence de **Nietzsche :** *Le Bien est toujours la transformation d'un Mal par sublimation.* **XII - 2 - 131**

Découverte de Nietzsche

A qui trouvera que ces affirmations ont un relent de scandale et choquent les sentiments d'humanité que chacun pense de bonne foi porter en lui-même, il convient de rappeler que de grands penseurs avaient énoncé la même opinion que **Nietzsche.** Ainsi **Pascal,** dans la Pensée déjà citée plus haut : *L'homme n'est ni ange ni bête, et le malheur est que qui veut faire l'ange fait la bête.* De même **Goethe :** *Il n'est pas de crime dont je ne sois un jour senti capable.*

La Rochefoucauld dans une de ses Maximes : *Il n'appartient qu'aux grands hommes d'avoir de grands défauts.* Et cette autre du même auteur, qui rejoint la volonté de puissance : *La faiblesse est plus opposée à la vertu que le vice.*

Ce qui induit souvent en erreur, ce sont les mots par lesquels nous définissons nos tendances. **Nietzsche** déclare à ce sujet : *Quand un instinct s'intellectualise, il prend un nom nouveau, une valeur nouvelle. On l'oppose souvent à l'instinct qui en a été le premier degré comme s'il en était le contraire,* et il ajoute, comprenant bien la complexité de la situation ainsi créée par la sublimation, laquelle ne sublime pas la totalité de l'instinct : *mais son ancienne action directe subsiste à côté.* **XII - 1 - 298**

Il donne ensuite quelques exemples de cette sublimation qui lui sont inspirés par l'histoire de l'Antiquité, mais qui valent aujourd'hui tout autant : *Comment le tempérament grec sait utiliser toutes les qualités redoutables : la rage féroce destructrice (des tribus... etc.) dans la rivalité sportive ; les penchants contre nature (il veut dire l'homosexualité) dans l'éducation de l'adolescent par l'homme ; l'orgiasme asiatique dans le dionysisme ; la réserve hostile de l'individu dans l'apollinisme ;*

l'utilisation des choses nuisibles idéalisée dans la cosmologie d'Héraclite. **IX - 9**

L'on verra dans les chapitres ultérieurs, que la sentence citée en tête de cet article, rattachant la culture à la sublimation des instincts, se trouve vérifiée jusque dans les domaines les plus élevés de la science et de l'art; et en cela, **Nietzsche** est dans la tradition du philosophe grec **Platon** qui déclarait : *L'amour de la connaissance et de la philosophie est un instinct sexuel sublimé.*

Sublimation de l'instinct sexuel

La nature et la force de la sexualité d'un homme pénètrent jusqu'aux plus hautes cimes de son esprit.
P.D.B. 75

On sait la tempête qu'a soulevée chez les moralistes l'affirmation de **Freud,** donnant un rôle de premier plan à la sexualité dans le développement de l'enfant et dans la psychologie de l'adulte. Et combien plus encore beaucoup s'indignent à la lecture de la sentence par laquelle s'inaugure cet article et qui semble, selon eux, ramener l'esprit au niveau de l'instinct. Mais c'est en réalité une tempête dans un verre d'eau, car, ainsi que je l'ai dit précédemment, quand on remonte aux origines de la sexualité, on constate que celle-ci prend sa source dans la vitalité générale d'expansion, dont elle est une modalité particulière, tout comme est un autre mode de cette vitalité l'aspiration à la connaissance.

Le problème ne date pas d'aujourd'hui : à l'époque de la grande tradition hellénique, pour **Platon,** l' « Eros » était tout à la fois la puissance spirituelle d'aimer et la sexualité reproductrice, et comme tel, il était estimé à l'égal d'un instinct sacré.

Le primat de la vie, thème essentiel de la philosophie de **Nietzsche,** a pour conséquence que, à chaque étape du développement, une des fonctions se manifeste comme la fonction privilégiée, donc avec une force particulière. La sexualité est une de ces fonctions, et, aux époques de son épanouissement, elle attire à elle une grande part de la force vitale, et prend la première place. Mais si d'aventure, à ces moments-là, une autre fonction vient à s'imposer, elle attire à son tour une partie de cette force vitale, qu'elle soustrait ainsi à la sexualité. Il faut donc comprendre par exemple que, comme le dit **Nietzsche :** *C'est la même force qui se dépense dans la conception de l'artiste et dans l'acte sexuel. Il n'y a qu'une seule sorte de force.* **XVI - 815** Il faut donc qu'un artiste ait une forte sensualité, mais il faut aussi que, pour réaliser son œuvre, il puisse dériver vers son art une bonne partie de la force alimentant sa sexualité ; telle est la sublimation. Et, si la force vient à manquer, il n'est plus d'œuvre possible : *Chez les artistes, la fécondité créatrice cesse en même temps que la vertu prolifique.* **XVI - 800** Le grand peintre **Renoir** ne disait-il pas : « Je fais l'amour avec mon pinceau. »

Nietzsche a bien vu que, de par leur seule intuition, les artistes, quelque sensuels qu'ils soient, s'imposent une

Découverte de Nietzsche

chasteté relative, qui sauvegarde leur art : *Tout artiste sait combien faire l'amour est nuisible dans les états de grande tension d'esprit, de grande préoccupation intellectuelle. Les plus puissants et les plus instinctifs d'entre eux n'ont pas besoin de l'expérience, de la dure expérience pour le savoir. C'est leur instinct « maternel » qui, sans aucun scrupule, dispose au profit de l'œuvre en formation de toutes les réserves, de tous les excédents de force et de vigueur de la vie animale. La force la plus grande absorbe alors la plus petite.* **XVI - 815**

Je souligne ici en passant que, si **Nietzsche** critique, comme on l'a vu, la morale chrétienne de l'interdit, qui refoulait la sexualité, en revanche, il sait reconnaître qu'il y a dans le message évangélique une valorisation de l'amour sublimé : *Dans la période la plus chrétienne de l'Europe, et en général sous la pression des évaluations chrétiennes (il évoque en particulier les mœurs de la chevalerie), l'instinct sexuel s'est sublimé jusqu'à l'amour.* **P.D.B. 75**

Sublimation de l'instinct agressif

Presque tout ce que nous appelons une civilisation supérieure repose sur la spiritualisation et l'approfondissement de la cruauté

Il est certain que le mot cruauté a ici pour nous une résonance péjorative, et que le mot combativité sonnerait mieux à nos oreilles. Il faut toutefois reconnaître que c'est en maîtrisant la nature en lui-même et hors de lui-même que l'homme accède à une certaine civilisation, tout au

Découverte de Nietzsche

moins à la civilisation telle que la conçoivent les Occidentaux, laquelle, comme l'on sait, valorise l'homme d'action aux dépens du contemplatif.

Quand **Nietzsche** déclare par ailleurs : *Dans toute volonté de connaître il y a une goutte de cruauté,* il veut dire que l'ambition du savant est de parvenir à maîtriser la nature, fût-ce en la violentant, de percer à jour les secrets de la vie (« faire avouer la dissimulation d'un liquide trouble », comme le disait avec humour un chimiste), **Nietzsche** ajoute : *Considérez que l'adepte de la connaissance, en se forçant à connaître, contre le penchant de son esprit et souvent de son cœur, en s'obligeant à nier là où il voudrait affirmer, aimer, adorer, agit en artiste et glorifie la cruauté. Sonder ainsi toutes choses jusque dans leur profondeur, les fouiller jusqu'au tréfonds, c'est déjà une façon de faire violence, de faire souffrir exprès la volonté foncière de l'esprit qui s'élance sans cesse vers l'apparence et le superficiel.*

On voit dans ce texte s'exprimer une de ces contradictions qu'on a souvent reprochées à **Nietzsche,** et qui tiennent, selon moi, à ce que ce philosophe, insoucieux d'établir un système unitaire, d'une logique parfaite, se laissait souvent emporter dans les contradictions mêmes de la vie. Ainsi il insiste dans le texte cité sur le prix qu'on doit attacher à une « pénétration agressive » du réel pour accéder à ses profondeurs. Et ailleurs, conformément à une attitude philosophique inspirée de la pensée orientale, il mettra l'accent sur la nécessité de l'esprit contemplatif, qui laisse la vérité mûrir d'elle-même au rythme naturel des jours et des saisons, les deux attitudes apparaissent souvent comme complémentaire dans la personnalité des créateurs.

5. Destinée et Inconscient

Notre vocation nous maîtrise, alors même que nous ne la connaissons pas encore ; c'est l'avenir qui dicte à notre aujourd'hui sa conduite. **Préface de l'Humain.**

Lorsque le philosophe hellène **Héraclite** donnait comme précepte de vie : *Deviens ce que tu es,* formule que **Nietzsche** a reprise, il voulait dire par là que, dans le tréfonds de notre être sont inscrites — on dirait aujourd'hui « programmées » — toutes les aptitudes qui se détermineront plus tard au fur et à mesure que notre existence se déroulera.

Nous retrouvons ici la signification profonde de l'opposition entre le conscient et l'inconscient, cet inconscient que **Nietzsche** privilégie, en lui accordant une valeur supérieure. Selon notre philosophe, le contenu de l'inconscient n'est pas formé d'idées claires, pleinement conscientes, telles que notre logique nous les présente d'ordinaire. Il s'agit bien plutôt d'idées en germe, qui, comme la graine d'une plante, sont riches de potentialités qui ne se découvriront que peu à peu, et, ajoutons-le, qu'on risquerait d'annihiler si on voulait les amener au jour avant qu'elles n'aient atteint leur maturité. Ce qui caractérise ces potentialités, c'est essentiellement leur dynamisme, les promesses dont elles sont porteuses. Davantage, **Nietzsche** déclare : *Devenir ce que l'on est, cela laisse supposer qu'on ne se doute même pas de ce qu'on est.*

Cela va très loin, et, selon **Nietzsche,** même des activités intellectuelles que nous tendons à rapporter au seul fonctionnement de notre raison logique, sont en secret dirigées par un processus inconscient, une « poussée vitale » qui veut se faire jour. Ici encore s'impose pour **Nietzsche** la comparaison avec la croissance d'un végétal : *Lorsque nous exerçons notre critique, ce n'est rien d'impersonnel ; c'est très souvent la preuve qu'il y a en nous des forces vivantes et agissantes qui dépouillent une écorce. Nous nions, il faut que nous nions, parce que quelque chose en nous veut vivre et s'affirmer, quelque chose que nous ne connaissons, que nous ne voyons peut-être pas encore.***Gai Savoir - 307**

La primauté de l'inconscient et la grande raison du corps, thèses essentielles de **Nietzsche,** comme on l'a vu, s'appliquent bien entendu à cette compréhension de notre destin, et, chez les grands hommes, à celle de leur œuvre. Cette œuvre n'est jamais le résultat d'un processus rationnel conscient ; elle mûrit en secret (encore une fois comme la graine), et celui qui la crée n'en prend conscience que lorsqu'elle est arrivée à maturité. **Nietzsche** a lui-même vécu une telle expérience : *Le long travail secret et la maîtrise de mon instinct. La suprême sauvegarde de cet instinct se montra si fortement ancrée au fond de moi-même qu'en aucun cas je ne me suis douté de ce qui grandissait en moi, de sorte que toutes mes facultés jaillirent soudainement un jour à l'état de maturité, dans leur perfection dernière.* **E. H. 9**

Nietzsche va beaucoup plus loin dans son étude du destin intérieur. Il ne faudrait pas croire que l'homme soit naturellement porté vers cette vocation qui est en germe en lui, et qu'il la réalise avec joie et facilité. Il advient souvent qu'il s'en laisse détourner par son être extérieur, social, de par le fait que celui-ci cède volontiers aux influences du milieu et aussi aux solutions de facilité : *A certains moments, nous faisons les préparatifs les plus longs de notre vie pour fuir nos vraies tâches. Nous voudrions cacher notre tête n'importe où pour que notre conscience aux cent yeux ne puisse nous saisir. Nous abandonnons notre cœur en hâte à l'État, au gain lucratif, à la Société, à la science, simplement pour que ce cœur ne soit plus en notre possession. Nous nous abandonnons nous-mêmes aveuglément à la dure tâche quotidienne plus qu'il ne serait nécessaire ; et tout cela parce qu'il nous semble plus indispensable de ne pas reprendre conscience de nous-mêmes. Des fantômes s'agitent autour de nous ; chaque instant de notre vie veut nous dire quelque chose, mais nous ne voulons pas écouter cette voix surnaturelle. Quand nous sommes seuls et dans le silence, nous craignons qu'on ne nous murmure quelque chose à l'oreille, et c'est pourquoi nous nous étourdissons dans la Société.* **Schopenhauer éducateur**

Il n'est pas sans intérêt de remarquer que d'autres penseurs ont compris, de par leur expérience intime, la nécessité de cette sagesse de vie. Ainsi le poète **Alfred de Vigny** disait : « *Les hommes d'action s'étourdissent par le mouvement pour ne pas se fatiguer à achever les idées ébauchées dans leur tête. Doués d'un peu plus de force, ils s'assoiraient ou se coucheraient pour penser.* »

Ce conflit en chacun de nous entre l'être extérieur et l'être intérieur devrait requérir toute l'attention des psychologues. Car selon le tempérament de chacun, il va se résoudre d'une manière différente. L'on vient de voir, par la citation de **Nietzsche** donnée un peu plus haut, que chez beaucoup d'hommes, l'être extérieur domine et fait taire les voix intérieures, pouvant créer de ce fait de graves obstacles à l'accomplissement de notre vocation. Mais il se peut que ce soit l'inverse, et que l'être intérieur réussisse à convaincre le sujet qu'il doit suivre sa vocation profonde, qu'il doit obéir à sa destinée. Il advient toutefois que cela ne puisse se réaliser sans heurts, et que la raison, par son opposition aux forces inconscientes, puisse contraindre celles-ci à prendre pour s'exprimer des voies détournées.

Nietzsche a en cette matière anticipé la psychanalyse par sa découverte de la signification de ce qu'on appelle les « actes manqués ». Par exemple, un savant plongé dans son travail de recherche et se laissant entièrement absorber par lui, oublie de ce fait un rendez-vous mondain dont il se promettait un avantage et quelque plaisir. Cet oubli est, du point de vue de la raison, un acte manqué, mais du point de vue de l'inconscient, c'est un acte réussi, puisque le savant est par là ramené à son but essentiel. C'est dans ce sens que **Nietzsche** déclare : *Considérées de ce point de vue, les méprises qu'on commet dans la vie présentent une signification particulière.*

Davantage encore, il pense — et la psychanalyse abonde aujourd'hui dans son sens — que des actions intempestives de l'être extérieur, intempestives en ce qu'elles vont à contre-sens de la vocation profonde, peuvent se trouver sanctionnées par un accident ou une maladie, lesquels forcent le sujet à revenir à lui-même. *L'homme n'aura plus qu'à admirer la sagesse cachée de sa nature*

Découverte de Nietzsche

quand, après de telles tentatives (pour échapper à son destin), elle le rappellera bientôt à lui-même par le moyen de la maladie ou de fâcheux accidents. **XVI - 676**

Nietzsche en a d'ailleurs fait l'expérience personnellement, car, engagé très jeune dans l'Université avec le titre de professeur de philologie, déjà très réputé dans le monde scientifique, ayant des relations dans le monde social, il se trouvait promis à une brillante carrière, d'autant que son intelligence largement ouverte à beaucoup de domaines le poussait dans cette voie. Mais il tomba malade à l'âge de 33 ans, affecté de violentes céphalées et de troubles occulaires douloureux qui l'obligèrent à résilier ses fonctions de professeur. S'isolant du monde parce que ses souffrances le lui imposaient, il devint alors le penseur solitaire et vagabond que l'on sait.

Il jugea, avec une admirable lucidité, que cette maladie était une réaction de défense salutaire, qui le mettait dans l'obligation de se retirer de la société des hommes et de faire retraite en lui-même. Comme on le verra au chapitre suivant, c'est de par sa propre expérience de la maladie que **Nietzsche** a compris la signification que celle-ci pouvait avoir pour la destinée d'un homme. Il déclare dans son Autobiographie terminale « Ecce Homo » : *La maladie me dégagea lentement de mon milieu ; elle me donna le droit de changer complètement mes habitudes... à eux seuls, mes yeux suffirent à mettre fin à toute préoccupation livresque ; je fus délivré des livres. Ce moi intérieur, enfoui en quelque sorte et contraint au silence à force d'entendre sans cesse un autre moi (« lire » n'est pas autre chose), ce moi intérieur s'éveilla lentement, timidement, avec hésitation ; mais il finit enfin par parler de nouveau.*

Découverte de Nietzsche

Et cela lui paraît tellement essentiel qu'il s'en ouvre à nouveau dans un autre texte tout autant significatif : *Ce quelque chose de caché et de dominateur, qui demeure longtemps pour nous innominé, jusqu'à ce qu'enfin nous découvrions que c'est là notre tâche, ce tyran prend sur nous et en nous une terrible revanche à chaque tentative que nous faisons pour l'éviter ou lui échapper, à chaque décision prématurée, à chaque essai pour nous assimiler à ceux dont nous ne faisons pas partie, chaque fois que nous nous adonnons à une occupation, si estimable qu'elle soit, qui nous détourne de notre objet principal ; et il se venge même de nos vertus qui voudraient nous protéger contre la rigueur de notre responsabilité la plus intime. La maladie est chaque fois le contre coup de nos doutes, quand notre droit et notre tâche nous paraissent incertains, quand nous commençons à nous relâcher quelque peu.* **Hum. - II -4**

Il convient d'admirer ici la profondeur et l'originalité de ces vues de **Nietzsche** sur le rôle essentiel joué par les forces inconscientes dans la destinée de chacun. Avec une intuition très sûre, en méditant et s'auto-analysant, il est parvenu à une connaissance qui devançait de beaucoup les découvertes de la psychanalyse et de la médecine psychosomatique. Davantage encore, il a montré une extraordinaire prescience de ce que certaines réactions de notre organisme, que l'on qualifie de pathologiques parce qu'elles semblent troubler le cours régulier de notre existence, et qu'on tente en conséquence de supprimer, constituent tout au contraire des signaux d'alarme salutaires qui nous éclairent sur notre véritable destinée.

6. Le Rêve

Rien ne nous est plus personnel que nos rêves ! Rien n'est davantage notre œuvre ! Matière, forme, durée, acteurs, spectateurs, dans ces comédies vous êtes vous-mêmes « tout ». Aur. 128

Au 18ᵉ et au 19ᵉ siècles, bien des penseurs avaient pressenti l'importance du rêve dans la vie psychique. Entre autres, l'on peut citer deux auteurs allemands **Lichtenberg** et **Herder.** Le premier, mathématicien et physicien écrivait : *Je sais par expérience que les rêves peuvent conduire à la connaissance de soi... Ils peuvent nous fournir une représentation spontanée de la totalité de notre nature, sans la tension que suscite une réflexion élaborée.*

Davantage **Herder,** un philosophe, déclarait : *Quelle merveilleuse faculté chez l'homme que cette création poétique involontaire des contes et des rêves ! Royaume inconnu de nous et qui pourtant émane de nous, et où, pendant des années, parfois toute notre vie, nous continuons à vivre, à rêver et à vagabonder... Le monde des rêves nous laisse entrevoir les plus profondes vérités sur nous-même.*

Mais aucun n'est allé aussi loin que **Nietzsche** dans son intuition de la valeur des rêves, car il a tracé la voie à **Freud** qui, dans la ligne de la pensée nietzschéenne, a donné à l'interprétation des rêves un rôle capital en psychanalyse, la considérant comme une « voie royale » pour l'étude des contenus inconscients.

Selon **Nietzsche,** dans le rêve, deux facteurs positifs sont en action : d'une part, un de nos instincts, le plus souvent inassouvi pendant le jour et qui cherche à s'exprimer à la faveur du sommeil ; d'autre part, des circonstances fortuites, qui vont donner une coloration particulière à l'expression de l'instinct en défoulement. Il s'ajoute à cela un troisième facteur, négatif celui-ci : l'absence de structure logique du fait du sommeil, laquelle est responsable du flou des thèmes des rêves. Sur le premier point, **Nietzsche** déclare, pour expliquer la « raison » du thème de notre rêve actuel : *Tout cela provient de ce que le « souffleur de cette raison » était aujourd'hui un autre qu'hier ; un autre instinct voulait se satisfaire, se manifester, s'exercer, se restaurer, s'épancher ; il était précisément au plus fort de son flux, alors qu'hier c'était le tour d'un autre.* **Aur. 119**

Sur le deuxième point, **Nietzsche** est très explicite : *Absurdité apparente du rêve. Dans le sommeil, notre système nerveux est continuellement mis en excitation par de multiples causes intérieures. Presque tous les organes se séparent et sont en activité. Le sang accomplit son impétueuse révolution ; la position du dormeur comprime certains membres ; ses couvertures influencent la sensation de diverses façons. L'estomac digère et agite par ses mouvements d'autres organes ; les intestins se tordent ; la position de la tête entraîne des états musculaires inusités ; les pieds, sans chaussures, ne foulant pas le sol de leur plante, provoquent un sentiment inaccoutumé, tout comme l'habillement différent de tout le corps — tout cela, selon son changement, son degré quotidien, émeut par son caractère extraordinaire tout le système, jusqu'à la fonction* *du cerveau. Et ainsi, il y a cent motifs pour l'exprit de s'étonner, de chercher les raisons de cette émotion. Mais le rêve est la recherche et la représentation des causes des impressions ainsi éveillées, c'est-à-dire des causes supposées.* **Hum. 1 - 13**

Quant au troisième point, **Nietzsche** n'est pas loin de penser que le manque de logique de nos rêves n'entâche en rien, bien au contraire, l'importance qu'ils peuvent avoir sur notre vie, et il déclare : *Ce que nous vivons en rêve, à la condition que ce rêve se répète souvent, finit par appartenir à l'économie générale de notre âme aussi bien que n'importe quel élément réellement vécu. Nous en sommes enrichis ou appauvris ; nous y gagnons ou y perdons un besoin, et nous sommes finalement quelque peu tenus en laisse par les habitudes de nos songes, fût-ce en plein jour dans nos moments les plus lucides.* **P.D.B. 193**

Monde de l'inconscient, les rêves représentent donc, selon **Nietzsche** toute la richesse de la vie intérieure profonde, et, comme tels, ils jouent un rôle essentiel dans la création artistique : *L'homme doué d'une sensibilité artistique se comporte à l'égard de la réalité du rêve de la même manière que le philosophe en face de la réalité de l'existence. Il l'examine volontiers et minutieusement, car, dans ces tableaux, il découvre une interprétation de la vie.* **Trag. 26**

Chapitre IV

AMITIÉ ET AMOUR

Tout ce qui se fait par amour se fait toujours au-delà du Bien et du Mal. **(P.D.B. 153)**

Encore qu'il ait vécu très solitaire, surtout dans ses dernières années, **Nietzsche** n'en avait pas moins été capable d'entretenir de solides affections. Son histoire sentimentale nous est bien connue, tout au moins dans ses aspects sociaux.

On sait qu'il a été plusieurs fois amoureux. En particulier de **Lou Salomé,** une jeune intellectuelle d'origine russe qui fut quelque temps sa disciple, avec laquelle par conséquent il entretenait des relations sur un plan élevé de spiritualité, et qu'il demanda en mariage, mais sans en être agréé. Il s'est révélé plus tard, bien que cela soit resté ignoré de la plupart, qu'il avait été épris de **Cosima,** l'épouse de son ami **Richard Wagner,** le grand musicien. On sait qu'il aimait également cultiver de pures amitiés féminines, ainsi avec **Malwida de Meysenburg**. Mais on a souligné qu'il a eu surtout des amitiés profondes et

Découverte de Nietzsche

durables avec des camarades de jeunesse, dont plusieurs lui sont restés fidèles jusqu'à l'éclosion de sa maladie mentale, laquelle l'a coupé de toute relation. Ce court rappel est pour montrer que **Nietzsche** était aussi capable que tout homme vivant dans le monde d'analyser les sentiments d'amour et d'amitié. Il y apportait de surcroît sa grande perspicacité de psychologue des profondeurs.

Il apparaît nettement qu'entre l'amour et l'amitié, il privilégiait l'amitié, et, comme on est en droit de le penser, étant donné l'éducation très puritaine qu'il avait reçue, il avait très probablement refoulé et sublimé sa sexualité. Dans ce sens, il écrit : *L'amour réclame une possession exclusive ; mais un homme peut avoir plusieurs excellents amis susceptibles d'être également amis entre eux. Cela place l'amour très au-dessous de l'amitié.*

Et également : *Ce n'est pas le manque d'amour qui fait les mariages malheureux, c'est le manque d'amitié.*

Et encore : *Amitié et mariage. Le meilleur ami aura probablement aussi la meilleure épouse, parce que le bon mariage repose sur le talent de l'amitié.* En psychologue des profondeurs, il plaçait l'amour dans les forces instinctives inconscientes, échappant par là aux règles de la raison et de la vie morale, comme il le déclare dans la sentence citée en tête. Et la manière dont il envisage l'amour dans le mariage nous révèle que, pour lui, il ne pouvait y avoir de sentiment affectif valable par l'amour seul, s'il ne s'y mêlait pas une bonne part d'amitié. D'où ses critiques à l'égard du pur désir sensuel, qu'il soit manifeste ou camouflé. C'est ainsi qu'il déclare : *La sensualité précipite souvent la croissance de l'amour, de sorte que la racine en*

est faible et se laisse facilement arracher. **(P.D.B. 120)**
Et : *Mariages d'amour. Les unions qui sont conclues par amour ont l'erreur pour père et la nécessité (le désir) pour mère.* **(P.D.B. 120)**

Et de même : *Beaucoup de courtes folies, voilà ce que chez vous on appelle l'amour. Et votre mariage met fin à beaucoup de courtes folies par une longue sottise.*

Si, dans d'autres déclarations, il valorise au contraire le mariage, c'est précisément qu'il y introduit d'autres éléments que la sensualité. Ainsi, il dit : *Le mariage a été inventé pour les êtres du commun, pour ceux qui ne sont pas capables ni du grand amour, ni de la grande amitié ; mais aussi pour ces êtres d'exception qui sont capables tout à la fois d'amour et d'amitié.*

Et aussi : *Au moment de se mettre en ménage, on doit se poser cette question : crois-tu bien pouvoir t'entretenir avec cette femme jusqu'à la vieillesse ? Tout le reste du mariage est transitoire, mais la plus grande partie de la vie en commun est donnée à la conversation ;* texte qui nous montre que **Nietzsche** lui-même trouvait ses plus grandes joies, non dans la volupté, mais dans ses échanges intellectuels.

S'élevant de plusieurs degrés vers son idéal d'une vie supérieure, il déclare dans son Zarathoustra : *Tu es jeune et tu te souhaites pour toi-même enfant et mariage. Mais je te le demande : es-tu de ceux qui ont le droit de souhaiter un enfant ? Es-tu le victorieux, le vainqueur de toi-même, le maître de tes sens, le souverain de tes vertus ? C'est la question que je te pose. Ou si dans ton désir c'est la bête qui parle, ou le besoin, ou la fatigue d'être seul, ou la discorde avec toi-même ?*

Il n'ignore pas cependant le danger psychologique résultant de l'état d'exaltation où nous porte l'amour, pour nous faire ensuite retomber à notre forme ordinaire, d'où déception : *L'amour amène à la lumière les qualités les plus élevées et les plus secrètes d'un homme qui aime, ce qu'il a de rare, d'exceptionnel. C'est pourquoi l'amant induit facilement en erreur sur ce qui est chez lui la règle.* **(P.D.B. 163)**

Jusqu'ici rien que des sentiments qu'on peut considérer comme conformes à ce que dit le sens commun. Mais, de surcroît, **Nietzsche** manifeste son sens de la psychologie des profondeurs en nous découvrant ce qu'on pourrait appeler les dessous de la vie sexuelle. Il fait à plusieurs reprises allusion aux mécanismes de défense du moi contre les instincts, notamment au refoulement.

Tout d'abord, tandis qu'il valorise chez l'homme les sentiments d'amitié, il juge la femme plus « nature » que l'homme, moins capable en particulier de sublimer sa sexualité : *Les femmes sont plus sensuelles que les hommes, mais elles connaissent moins leur sensualité.*

Et : *Dans la vengeance et dans l'amour, la femme est plus sauvage que l'homme.* **(P.D.B. 139)**

Mais en même temps, il la voit plus régressive, plus attachée à ses origines : *Dans toute espèce d'amour féminin transparaît quelque chose de l'amour maternel.* Et aussi : *Pour la femme, l'homme n'est qu'un moyen, c'est l'enfant qui toujours est le but.*

En second lieu, **Nietzsche** a bien perçu, avec une grande pénétration psychologique, l'ambivalence des sexes, qui fait que chacun des deux a dans sa personnalité une composante de l'autre : l'homme une composante féminine, la femme une composante masculine, et il en tire d'importantes conséquences. Ainsi il déclare : *Les qualités* *de l'homme ici sont rares, c'est pourquoi les femmes se virilisent ; car seul, celui qui possède assez de virilité peut, dans une femme, libérer la femme.*

Il dit encore : *Quand une femme a un penchant pour les sciences, il y a dans sa sexualité quelque chose qui n'est pas en ordre ; cela indique en effet une certaine masculinité de goût* (1). **(P.D.B. 144)**

Réciproquement, faisant allusion à la composante féminine de l'homme : *Tout homme porte en soi une image de la femme émanant de celle de sa mère, et, en conformité avec cette image, il sera porté à respecter ou à mépriser les femmes.*

Mais voici qui va beaucoup plus profondément : *Les hommes passent pour cruels, et les femmes le sont ; les femmes passent pour sentimentales, et les hommes le sont.* Cette sentence au premier abord paradoxale et mystérieuse devient intelligible par la notion du refoulement. C'est que, chez la femme, le refoulement de la composante masculine, masquant l'agressivité cruelle de cette composante, pourra dans certaines circonstances se traduire par un défoulement sauvage. Réciproquement, chez l'homme, le refoulement de la composante féminine a pour conséquence que, sous la dureté manifeste du caractère conscient, l'inconscient montre une vulnérabilité sensible souvent excessive. On sait en effet qu'un instinct ou un sentiment refoulés peuvent se concentrer d'une manière telle à l'intérieur de la personnalité que quand d'aventure

---

(1) Je tiens à préciser que selon moi, il s'agit ici des sciences physiques, à l'exclusion des sciences naturelles, et des mathématiques, à l'exercice desquelles le tempérament féminin est aussi apte que le tempérament masculin.

ils se libèrent, c'est souvent d'une manière qui surprend par son excès.

Nietzsche se révèle ici un moraliste d'une grande pénétration ; les psychanalystes d'aujourd'hui peuvent le reconnaître comme leur grand maître à penser quand ils lisent dans le Zarathoustra, au chapitre « De la chasteté » les deux passages suivants, dans lesquels le refoulement de la sexualité se double de formations réactionnelles qui masquent complètement la pulsion initiale : *Vous ai-je conseillé la chasteté ? Chez quelques-uns, la chasteté est une vertu ; mais chez un grand nombre, elle est presque un vice : ceux-ci sans doute sont continents, mais la chienne sensualité, pleine d'envie, montre son œil dans tout ce qu'ils font.*

Et aussi : *Vous aimez les drames, n'est-il pas vrai, et tout ce qui fend le cœur. Mais moi, je me méfie de votre chienne ; je trouve que vous avez des yeux trop cruels et que vous regardez avec volupté les gens qui souffrent. Ne serait-ce pas simplement votre sensualité qui s'est travestie et se fait appeler pitié ?*

Il nous est révélé dans cette dernière sentence que le refoulement de la sexualité, s'accompagnant d'une régression au stade sadique, où la cruauté remplace la volupté, peut conduire certains sujets à se complaire à la vue ou au simple récit de situations dramatiques. Et c'est ici que ***Nietzsche*** se montre un remarquable psychologue en soulignant que le sentiment originel se marque alors par l'expression cruelle des yeux.

Chapitre V

LA CONNAISSANCE ET L'INTELLIGENCE

Nietzsche s'oppose résolument aux philosophes spiritualistes, qui considèrent l'esprit connaissant comme une entité à part, placée en quelque sorte au-dessus de l'organisme vivant et indépendante de celui-ci. En conformité avec sa thèse du primat de la vie, il fait de la connaissance une fonction essentiellement vitale, et il adopte une attitude pragmatique : pour lui, connaître le monde, c'est s'en rendre maître, le « structurer » en fonction de nos intérêts vitaux, c'est-à-dire le voir dans notre perspective particulière : Pragmatisme et Perspectivisme - I -.

Il s'inscrit donc en faux contre la prétention des idéalistes d'éliminer, dans la formation de la pensée, toute participation des sens et du corps, et il juge indispensable au contraire de leur reconnaître un rôle de premier plan : Les sens et le corps dans la connaissance - II -.

De même, contrairement à ce qu'enseignait la psychologie traditionnelle, se limitant strictement, selon la définition des Manuels, à « l'étude des faits de conscience », *Nietzsche* estime que l'inconscient a un rôle primordial dans la formation de la pensée, et qu'il est notamment la source où le conscient puise une grande part de ses matériaux d'origine : L'Inconscient dans la connaissance - III -.

Ce problème du rôle important de l'inconscient se retrouve dans la conception d'un monde en devenir, d'un monde de multiplicité et de changement incessant, dont la réalité, si elle peut être perçue par l'intuition, échappe par contre à l'intelligence commune, laquelle, par les règles de la logique, vise à simplifier le multiple et à stabiliser le mouvant : L'intelligence logique et le devenir - IV -.

Dans le même sens, la réalité, qui ne se laisse saisir que difficilement et reste par là du domaine de l'inexprimable, doit, pour être utilisée dans la pratique, se figer dans les mots du langage, avec les avantages et les inconvénients que cette fixité comporte : Les mots et le langage - V -.

A titre d'exemple nous montrant le rôle primordial des intérêts vitaux dans le processus intellectuel, **Nietzsche** nous offre sa conception particulière de la mémoire : La mémoire - VI -.

Enfin la psychologie des profondeurs nous enseigne que la logique, lorsqu'elle est portée à son point extrême, dans la froide clarté d'un intellect soustrait à l'influence des sentiments, constitue souvent, en dépit de son apparence rationnelle, un état névrotique, par réaction de défense contre une affectivité dont on redoute les entraînements : La rationalisation - VII -.

Découverte de Nietzsche

1. Une nouvelle conception de l'intelligence, pragmatisme et perspectivisme

Nous ne comprenons qu'un monde que nous avons nous-mêmes construit. **XVI - 495**
Connaître, c'est comprendre toutes choses au mieux de nos intérêts. **XII - II - 13**

Toute la philosophie de **Nietzsche,** on l'a vu, repose sur le « primat de la vie » ; d'où se déduit sa conception *pragmatique* de l'intelligence. **Nietzsche** s'oppose en cela aux philosophies dogmatiques et spiritualistes, qui faisaient de la connaissance de la vérité un mode de la Sagesse divine, créatrice de toutes choses, conception qui est très bien exprimée par le philosophe religieux **Malebranche** dans cette phrase : *La raison, qui éclaire l'homme, est le Verbe ou la Sagesse de Dieu lui-même, et toute connaissance véritable est l'illumination de l'esprit par Dieu.* Nous savons que le philosophe **Kant** soutenait, contre ce dogmatisme, que la connaissance des choses ne nous est possible que parce qu'elles sont notre œuvre. **Nietzsche**, adoptant les vues de **Kant,** va plus loin que lui, ne voyant dans la connaissance que son utilité pour le maintien de la vie, doctrine pragmatique qu'il pousse paradoxalement jusqu'à son extrême limite en disant : *La vérité est une sorte d'erreur faute de laquelle une espèce d'êtres vivants ne pourrait vivre. Ce qui décide en dernier ressort, c'est sa valeur pour la vie.* **XVI - 493**

Découverte de Nietzsche

Comme il l'a fait pour la morale dans son ouvrage intitulé « La généalogie de la morale », **Nietzsche** se refuse à placer les facultés de connaissance dans l'absolu d'une création qui serait à l'origine même de l'homme et n'aurait pas changé depuis. Il se réclame d'un point de vue historique et écrit : *Nous vivons sur les restes des impressions de nos ancêtres, à l'intérieur de sentiments en quelque sorte pétrifiés. Avec leur imagination, ils ont inventé et créé, mais ce qui a décidé du droit à l'existence de ces inventions et de ces créations, c'est le fait d'expérience qu'elles permettaient de vivre ou qu'elles faisaient périr. Erreurs ou vérités, il importe peu, pourvu que la vie fut possible avec elles. Un réseau inextricable s'est ainsi tissé peu à peu ; nous venons au monde déjà empêtrés dans ce réseau, et même la science ne nous en dégage pas.* **XII - I - 352**

Selon **Nietzsche,** les « catégories de la raison », qu'on déclarait immanentes à la structure native de notre esprit, ont cette même origine : *Elles se sont affirmées par leur utilité. Vint un moment où on les « prescrivit », c'est-à-dire qu'elles agirent « comme des prescriptions ». Dès lors, elles ont passé pour des « a priori », placés au-delà de l'expérience, inéluctables. Et cependant, elles n'expriment peut-être que l'utilité conforme à certaines races, à certaines espèces ; leur « vérité » réside dans leur utilité.* **XVI - 514**

De même, parlant de « l'apparence logique », il dit : *Le monde nous « paraît logique » parce que nous avons commencé par le « rendre logique ».* **XVI - 521**

Le mot « maîtrise des choses » revient très souvent sous la plume de notre philosophe : *Humaniser l'Univers, c'est nous en sentir de plus en plus les maîtres.* **XVI - 614**

Et encore : *L'appareil de la connaissance est dans son entier un appareil d'abstraction et de simplification, organisé, non pour la connaissance, mais pour la maîtrise des choses.* **XVI - 503**

Il le développe dans le texte suivant : *Non « connaître », mais schématiser, imposer au chaos assez de régularité et de forme pour satisfaire notre besoin pratique. Dans la formation de la raison, de la logique, des catégories, c'est le besoin qui est décisif, non le besoin de connaître, mais celui de résumer, de schématiser, afin de comprendre, de prévoir. Cette façon d'arranger les choses, de les figer en analogies, en identités, c'est la marche que suivent toutes les impressions des sens ; c'est aussi celle que suit l'évolution de la raison.* **XVI - 515**

Pour caractériser cette activité propre de l'être humain, qui comprend le monde en fonction de ses besoins, **Nietzsche** a créé le mot « *perspectivisme* », et il définit cette notion nouvelle en ces termes : *Toutes les valeurs à l'aide desquelles nous avons jusqu'à présent cherché à donner du prix au monde sont, du point de vue psychologique, le résultat de certaines perspectives d'utilité bien définies, destinées à maintenir et à fortifier certaines formes de domination humaine, et projetées à tort dans l'essence des choses.* **XV - 12**

Il en donne l'exemple très significatif de nos impressions sensorielles. On croit d'ordinaire qu'elles sont produites par l'action du monde extérieur sur nous, mais en réalité elles sont notre œuvre : *Dans toute perception, c'est-à-dire dans l'appropriation originelle, le fait essentiel est une activité, plus précisément encore une imposition de formes. Seul le langage superficiel parle « d'impressions ».* **XIV - I - 95**

Et il l'explicite en ces termes : *Nous avons appris que les impressions des sens, que l'on suppose naïvement produites par le monde extérieur, sont bien plutôt déterminées par le monde intérieur, et que la véritable action du monde extérieur se déroule toujours de manière inconsciente.* Et, retournant le principe de causalité, il ajoute aussitôt : *Le fragment du monde dont nous prenons conscience est postérieur à l'effet qui a été produit sur nous ; il est projeté après coup comme en étant la cause.* **XVI - 479**

Bien loin donc que la réalité doive s'imprimer en nous, qui la recevrions passivement, c'est nous qui la saisissons activement ; à la limite même, nous l'inventons. L'exemple de la manière dont nous lisons un texte est ici très parlant : *De même qu'un lecteur ne lit pas tous les mots et encore moins toutes les syllabes d'une page — il en extrait peut-être cinq sur une vingtaine, au hasard, et devine le sens approximatif qui leur correspond — de même nous ne voyons pas un arbre sous son aspect exact et complet, avec ses feuilles, ses branches, sa couleur, sa forme ; il nous est bien plus facile d'inventer un à peu près d'arbre imaginaire. Nous agissons ainsi même en présence des événements les moins ordinaires ; nous en inventons la plus grande partie.* **P.D.B. - 192**

Nietzsche ajoute à cela que, pour les besoins de l'action pratique, nous avons tendance à imposer à la réalité, toujours trop complexe pour être saisie dans sa complexité, nos règles de simplicité, fût-ce au prix d'une déformation du réel : *Notre goût de la simplicité, de la clarté, oui ! je conviens qu'il existe et que c'est un instinct puissant. Il est si puissant qu'il règne sur les activités de nos sens et nous sert à réduire, à régulariser, à assimiler l'abondance des perceptions réelles (inconscientes), et c'est seulement dans cet état de transformation qu'il les présente à notre conscience.* **XVI - I - 72.**

Il faut toutefois remarquer que, tout en reconnaissant la nécessité pour l'homme de stabiliser le réel, de le simpli-

Découverte de Nietzsche

fier, de condenser la multiplicité des choses en concepts sur lesquels nous avons prise, **Nietzsche,** en accord avec sa doctrine du primat de la vie et de la volonté de puissance, privilégie toujours la force, le dynamisme vital. Il se pose notamment la question de savoir ce qui reste quand on a éliminé les éléments surajoutés, le concept de sujet, celui d'activité, celui de cause et d'effet, et il répond : *Ce qui reste, ce ne sont pas des choses, mais des quantités de force en relation de tension avec toutes les autres quantités de force. Leur nature consiste dans leur rapport avec les autres forces, dans l'action qu'elles exercent sur celles-ci.* **XVI - 635**

Il émet par ailleurs la supposition que : *Il se pourrait qu'il y ait beaucoup de forces qui, sans parvenir à notre sensibilité, nous influenceraient constamment.* **XVI - 676**

Cette notion de force vitale lui paraît à ce point essentiel qu'il la met à la base même du pouvoir créateur. Il écrit : *La force ou la faiblesse de la productivité intellectuelle ne dépend pas tant, il s'en faut de beaucoup, des facultés reçues en héritage que de la masse d'énergie transmise. La plupart des jeunes gens cultivés de 30 ans, à ce point solsticial de leur vie, reculent et, dès lors, ne prennent plus plaisir à de nouvelles orientations intellectuelles.* **Humain - 56**

2. Les sens et le corps dans la connaissance

Plus la vérité que tu veux enseigner est abstraite, plus il te faut y amener les sens. **(P.D.B. 128)**

Nietzsche, on l'a vu déjà, se refuse radicalement à considérer l'intelligence comme une fonction à part, laquelle serait sans rapport avec la vie totale de l'organisme (cf. Ch. I La grande raison du corps). Il s'oppose en cela à cette forme traditionnelle de philosophie spiritualiste, qu'il critique en disant : *Les philosophes font comme si c'était l'intellectualité toute pure qui leur posait les problèmes de la connaissance et de la métaphysique.* **XV - 458**

Ce qu'il complète par cette explication : *Autrefois les philosophes craignaient les sens. C'était alors presque une condition requise pour être un philosophe que d'avoir de la cire dans les oreilles. Un vrai philosophe n'entendait plus la vie dans la mesure où la vie est musique ; il niait la musique de la vie.* **Gai Savoir - 372**

Bien entendu, cela allait avec cette croyance qu'il existe un monde en soi, un monde de pensées abstraites, de pures essences, et que ce monde est supérieur à celui dans lequel nous vivons : *Se détacher de la contemplation sensible, s'élever jusqu'à l'abstraction, autrefois, l'homme ressentait cela vraiment comme une élévation. En se livrant à une débauche des plus pâles images des mots et des choses, en jouant avec ces entités invisibles, inaudibles et intangibles, on avait le sentiment de vivre dans un autre monde, un monde supérieur, de par un profond mépris du monde des sens.* **Aur - 43**

Recherchant par sa méthode généalogique l'origine de cette volonté des philosophes d'établir une séparation radicale entre le corps et l'esprit, (séparation dont nous sommes enclins à considérer **Descartes** comme le grand responsable), **Nietzsche** la décèle déjà dans l'antiquité, chez le philosophe hellène **Parménide : Parménide,** *en séparant radicalement les sens de l'aptitude à la pensée abstraite, donc en séparant les sens de la raison, comme si c'étaient deux facultés entièrement différentes, a, en agissant ainsi, détruit l'intellect lui-même et a poussé à cette distinction complètement erronée de l'esprit et du corps, distinction qui, surtout depuis* **Platon,** *pèse comme une malédiction sur la philosophie tout entière.* **XV - 458**

Par la suite, cette conception a été perpétuée par la tradition d'une morale chrétienne de *type ascétique* que **Nietzsche** a violemment combattue ; elle se rattache en effet à l'opposition entre le conscient et l'inconscient, le conscient étant systématiquement surestimé et l'inconscient déprécié. *On voyait dans la conscience de l'homme, dans l'esprit, une preuve de son origine supérieure, de sa divinité. Pour perfectionner l'homme, on lui conseillait de rentrer ses sens en lui-même, comme la tortue, de supprimer ses relations avec les choses terrestres, d'écarter l'enveloppe mortelle. Il ne restait de lui que l'essentiel,* « *l'esprit pur* ». **Antéc. - 14**

Il convient de reconnaître que quelques grands penseurs, même d'obédience chrétienne, se sont élevés contre une telle conception. Pour ne citer qu'un des plus illustres, je rappellerai la pensée célèbre de **Pascal** : *l'homme n'est ni ange ni bête, et le malheur est que qui veut faire l'ange fait la bête.*

Ce qui fait de **Nietzsche** un grand philosophe existentiel et un psychologue d'une très remarquable perspicacité, c'est qu'il a laissé parler la Nature en lui-même, cette nature qui est un complexe de corps et d'esprit. Sa critique est sévère à l'égard de ceux qui prétendent écrire sur la vie en ne vivant pas, en s'enfermant dans un bureau et en s'inspirant de livres imprimés au lieu de s'inspirer du grand livre de la Nature. Il déclare : *Nous ne sommes pas de ceux qui n'arrivent à ne former des pensées qu'au contact des livres. Notre habitude à nous est de penser en plein air, marchant, sautant, grimpant, dansant, de préférence dans les montagnes solitaires ou proches de la mer, là où les chemins eux-mêmes se font méditatifs... Oh ! que nous sommes prompts à deviner la manière dont quelqu'un en est venu à ses idées, assis devant l'encrier, le ventre écrasé, la tête penchée sur le papier ! Mais que nous sommes prompts aussi à en avoir fini avec son livre, car l'ouvrage se ressent des intestins coincés de l'auteur, comme aussi de l'air renfermé, du plafond trop bas et de l'exiguïté de la chambre.* **Gai Savoir - 366**

Et, quant à lui, sa doctrine du primat de la vie lui fait dire : *Il faut vouloir vivre les grands problèmes par le corps et par l'esprit.* **XIII - 257**

Et il conclut : *J'ai toujours écrit mes ouvrages avec mon corps et ma vie dans leur entier. Je ne sais pas ce que c'est que des problèmes intellectuels.* **XI - II - 590**

3. L'inconscient dans la connaissance

La plus grande partie de notre activité intellectuelle s'effectue d'une manière inconsciente. **G.S. 333**

Cette déclaration de **Nietzsche** va à contre-courant de la psychologie traditionnelle, qui affirmait tout à l'inverse la primauté du conscient. Tous les manuels de psychologie ne débutaient-ils point par cette phrase : « La psychologie est l'étude des faits de conscience » ?

C'est qu'on restait fidèle à la conception de **Descartes** établissant une séparation radicale entre l' « esprit et le corps ; comme le souligne **Nietzsche,** dans cette conception cartésienne : *Tout progrès consiste en un progrès vers la conscience ; toute régression est un retour à l'inconscient (considéré comme un retour aux besoins et aux sens, à l'animalité).* **XVI - 529**

L'esprit seul était en œuvre dans le processus de connaissance, tandis que le corps, siège des automatismes inconscients, n'y avait aucune part. Comme je l'ai dit déjà, cette tradition s'est trouvée bouleversée dès le 19ᵉ siècle à la faveur du mouvement romantique, par la mise en valeur de l'inconscient, non plus seulement les automatismes inconscients qui dans le corps assurent le maintien de la vie, mais aussi l'inconscient qui est à l'œuvre dans la vie psychique, et, plus encore, comme on va le voir, dans le processus intellectuel de la connaissance.

Découverte de Nietzsche

En premier lieu, l'on a découvert, **Nietzsche** un des premiers, que la connaissance du monde qui nous entoure n'est pas limitée au champ étroit où nous enferment la raison, l'intelligence logique et le langage. Il est indiscutable que la vie déborde de toutes parts l'intelligence consciente, par la multiplicité prodigieuse des impressions qu'elle nous procure et dont beaucoup sont inconscientes. **Nietzsche** l'affirme avec force dans plusieurs textes : *Comparé à l'énormité et à la variété du travail accompli en collaboration et en opposition mutuelles que représente la vie totale de chaque organisme, notre monde conscient n'en est qu'un petit fragment.* **XVI-707.** Et de même : *Les sentiments et les pensées sont des choses extrêmement menues et rares en comparaison des événements innombrables qui remplissent les moindres instants.* **XII-382.**

Avant **Nietzsche,** on trouve des philosophes qui avaient exprimé la même opinion, quoique d'une manière moins systématique. Le philosophe anglais **Maudsley** (1835-1918) a écrit : *l'aspect le plus important de la vie mentale, le processus essentiel dont dépend la pensée, c'est l'activité mentale inconsciente.*

De même, plus explicitement, l'écrivain français **Taine** (1828-1893) dans son livre sur « L'Intelligence », écrivait : *Nous voyons le monde moral s'étendre beaucoup au-delà des limites qu'on lui assignait. On le limite d'habitude aux événements dont nous avons conscience, mais il est clair maintenant que la capacité d'apparaître à la conscience n'est propre qu'à certains de ces événements ; la majorité ne l'a pas. Au-delà d'un petit cercle lumineux est une grande pénombre, et plus loin une nuit indéfinie, mais les événements de la nuit et de la pénombre sont réels au même titre que les événements du petit cercle lumineux.*

En second lieu, **Nietzsche,** dans le même esprit que **Kant,** souligne que le processus de la connaissance n'est pas l'impression directe du milieu environnant sur notre esprit, sur notre moi conscient, mais est le résultat de l'activité propre de l'organisme, opérant d'abord dans l'inconscient. Il en donne l'exemple de la perception sensorielle : Et plus précisément encore : *Les impressions des sens, que l'on suppose naïvement produites par le monde extérieur sont bien plutôt déterminées par le monde intérieur. La véritable action du monde extérieur se déroule toujours de manière inconsciente.* **XVI - 479**

Il en résulte que nos perceptions, telles qu'elles se manifestent à notre conscience, ne sont pas l'impression directe des objets sur nous, mais ces impressions modifiées par leur passage dans l'inconscient : *La perception des sens s'accomplit à notre insu : tout ce dont nous avons conscience est déjà une perception élaborée.* **XIII - 576**

Et il le développe en ces termes : *Rien ne parvient à la conscience qui n'ait été au préalable complètement modifié, simplifié, schématisé, interprété. Le véritable processus de la perception intérieure, le lien causal entre les pensées, les sentiments, les désirs, entre le sujet et l'objet nous est tout à fait caché.* **XVI - 477**

En troisième lieu et en conséquence de ce qui précède, beaucoup de nos pensées, qui nous apparaissent comme le résultat logique d'un processus entièrement conscient, n'accèdent à l'expression que par un cheminement bien plus complexe, où le passage dans l'inconscient joue un rôle important : *Tout ce qui pénètre dans la conscience est le dernier maillon d'une chaîne.* **XIII - 163.** Cette chaîne, elle comprend au départ des états instinctifs et affectifs en liaison ou en opposition les uns avec les autres : *Tous nos motifs conscients sont des phénomènes de surface. Derrière eux se déroule la lutte de nos instincts et de nos pulsions affectives, la lutte pour la puissance.* **XVI - 476**

Et de même : *Les pensées sont le signe d'un jeu et d'une lutte des pulsions affectives ; elles restent toujours reliées à celles-ci par des racines cachées.*

La causalité logique est ici mise en défaut car : *Toute pensée, toute sensation, toute volition, loin de naître d'un instinct unique déterminé, est un état global : c'est la surface entière de tout le conscient, telle qu'elle résulte de l'équilibre du moment entre tous nos instincts constitutifs, aussi bien l'instinct dominant présentement que ceux qui lui obéissent ou lui résistent. La pensée suivante indique comment, dans l'intervalle, la position respective des forces a changé.* **XIII - 163**

En quatrième lieu, on est en droit de s'interroger sur ce qui se passe effectivement dans notre inconscient, sur les modalités exactes de ces processus instinctifs qui, par leur élaboration, aboutissent à des pensées. On tend souvent à croire que les puissances instinctives sont impulsives, désordonnées, tout à fait à l'opposé de l'ordre qui règne dans la pensée logique. Mais il apparaît que ce n'est pas exact, qu'il y a dans l'inconscient un pouvoir d'organisation, lequel explique à la fois l'unité physiologique de l'organisme et son unité psychique. **Nietzsche** va plus loin, et dit à ce propos : *Nous percevons qu'il y a dans le moindre phénomène une sagesse pratique étrangère à notre savoir le plus élevé, une façon de prévoir, de choisir, de rapprocher, de séparer... Bref, nous sommes là en présence d'une activité qu'il faudrait* *attribuer à un intellect infiniment plus élevé et doué de prévisions autrement étendues que celui dont nous avons conscience... Nous apprenons peu à peu à déprécier le conscient.* **XVI - 676.** Nous sommes ramenés par là bien entendu à la « grande raison du corps ».

En cinquième lieu, il convient de souligner que, suivant l'enseignement de la psychanalyse, la transmutation des instincts en pensée résulte le plus souvent des conflits entre le moi conscient et l'inconscient. Les exigences de l'adaptation sociale, de la vie en commun imposent en effet aux puissances primitives une élaboration par laquelle celles-ci se socialisent. Le processus de sublimation, que **Nietzsche** est un des premiers à avoir décrit, est ici essentiel. L'on a vu que cette sublimation se traduit par des situations qui, au premier abord, paraissent paradoxales, au point que, comme le dit **Nietzsche :** *Quand un instinct s'intellectualise, il prend un nom nouveau, une valeur nouvelle. On l'oppose souvent à l'instinct qui en a été le premier degré, comme s'il en était le contraire ; mais son ancienne action directe subsiste à côté.* **XIII - I - 298**

Nietzsche a exprimé cette « intellectualisation » des instincts en des sentences d'une force singulière. Pour l'instinct sexuel, il déclare, comme on l'a vu : *La nature et la force de la sexualité d'un homme pénètrent jusqu'aux plus hautes cimes de son esprit.* **P.D.B. 75**

Et : *C'est la même force qui se dépense dans la conception de l'artiste et dans l'acte sexuel. Il n'y a qu'une seule sorte de force.* **XVI - 815**

De même, pour l'instinct combatif : *Presque tout ce que nous appelons civilisation supérieure repose sur la spiritualisation et l'approfondissement de la cruauté*. Et aussi : *Dans toute volonté de connaître il y a une goutte de cruauté*. J'ai commenté ailleurs ces affirmations de **Nietzsche ;** je n'y reviendrai donc pas.

Il convient d'ajouter, et c'est un sixième aspect du problème, que se trouve ici remise en question, et à vrai dire souvent dans le sens d'un renversement, la causalité psychique habituelle, c'est-à-dire que, bien loin que nos opinions, les principes que nous adoptons puissent, comme on le croit souvent, modeler notre caractère, c'est tout au contraire notre caractère profond qui est la cause des jugements que nous portons. **Nietzsche** déclare : *Nous cherchons à notre insu des principes et des doctrines accordées à notre tempérament, si bien que ces principes et ces doctrines semblent tout à la fois avoir formé notre caractère, lui avoir conféré assurance et fermeté, alors que ce qui s'est passé est exactement l'inverse. Notre pensée, notre jugement sont, à ce qu'il semble, censés devenir après coup la cause de notre être, mais en réalité, c'est notre être qui est cause que nous pensons et jugeons de telle ou telle manière.* **Hum. 608**

De la même façon, **Nietzsche** dit que lorsque nous changeons d'opinion, critiquant nos opinions antérieures, ce n'est nullement par suite d'une raisonnement logique : *Maintenant t'apparaît comme une erreur une chose que tu as aimée jadis comme une vérité. Tu la repousses loin de toi et tu t'imagines que c'est ta raison qui a remporté une victoire... Mais c'est ta vie nouvelle et non pas ta raison qui a détruit en toi cette opinion ; tu n'en as plus besoin.* **Gai Savoir - 357**

Et : *Lorsque nous exprimons notre critique, c'est très souvent la preuve qu'il y a en nous des forces vivantes et agissantes qui dépouillent une écorce... Nous nions, il faut que nous niions parce que quelque chose en nous veut vivre et s'affirmer, quelque chose que nous ne connaissons, que nous ne voyons pas encore.* **G.S. 357**

Bien entendu, cette mise en valeur de l'inconscient dans le processus de la connaissance, si elle réduit beaucoup la part du conscient, ne la supprime pas pour autant. Il reste, comme je l'ai fait voir au chapitre II, que le conscient, l'esprit logique et rationnel a un rôle de sélection : la multiplicité des impressions que fournit l'inconscient est si grande, on l'a vu, que nous en serions débordés s'il nous fallait les accueillir toutes ; aussi nous faut-il faire un choix : *La pensée logique sert de schéma et de filtre à l'aide desquels nous simplifions les phénomènes réels extrêmement complexes qui composent la pensée intérieure, de telle sorte que cette pensée nous devienne saisissable et puisse être communiquée par signes.*

Et cela est excellemment exprimé aussi par **Herder** (1744-1813), qui, bien avant **Nietzsche,** avait écrit : *Quelle excellente chose que les profondeurs les plus abyssales de notre âme soient plongées dans la nuit ! Notre faible organe pensant serait bien incapable de capter tous les stimulis, sources de toutes sensations, jusque dans leurs derniers éléments, ou d'entendre le tumulte de cet océan de vagues obscures sans trembler d'angoisse et sans laisser échapper, par peur et lâcheté, le gouvernail de ses mains. C'est pourquoi notre mère la Nature a éloigné de lui ce que sa conscience ne pouvait affronter ; elle a pesé toutes les impressions qu'il pouvait recevoir et soigneusement organisé les voies qui y conduisent. Il n'analyse donc pas les racines, mais se réjouit des fleurs, il se tient sans le savoir sur un abîme d'infini. Ainsi, grâce à cette heureuse ignorance, il peut se maintenir ferme et assuré.*

La conclusion de cet exposé, c'est que si la raison

consciente a un rôle important dans la pratique de la vie et dans la communication entre les hommes, il convient de rendre à l'inconscient ce rôle qui lui a été souvent refusé dans le passé d'être le fondement essentiel de notre connaissance du monde.

4. L'intelligence logique et le devenir

Notre intelligence n'est pas organisée pour concevoir le devenir. Elle tend à démontrer la fixité universelle.
XII - I - 40

Cette déclaration de **Nietzsche,** sous son apparente simplicité, pose un des problèmes les plus difficiles de la philosophie, celui de savoir si notre intelligence est capable ou non d'appréhender le monde dans son devenir, tout à la fois dans sa multiplicité et dans son changement incessant. **Nietzsche** croit au devenir, parce qu'il met en doute l'existence d'une matière fixe qui serait le support de nos actions. Il voit partout des forces en mouvement, et il va jusqu'à s'appuyer pour cela sur certains résultats de la science moderne, qui mettent le dynamisme des forces au premier plan. Par exemple : *Nous voyons partout des courants ; nous ne voyons pas de lignes.* Et il ajoute : *Une ligne est une abstraction par rapport à l'état probable des choses, et nous n'avons pas de signes pour représenter une force en mouvement.* **XII - I - 65**

Découverte de Nietzsche

Tout aussitôt, il souligne cette limitation nécessaire de notre intelligence : *La vérité ultime, qui est celle du flux éternel de toutes choses, ne supporte pas de nous être incorporée. Nos organes, qui sont au service de la vie, sont faits en vue de l'erreur.* **XII - I - 89,** ce qui se résume dans cette formule : *A supposer que tout soit devenir, la connaissance n'est possible que si l'on se fonde sur la croyance à l'être.* **VI - 518.** Nous retrouvons ici la thèse générale de **Nietzsche** sur le primat de la vie : il nous importe peu de connaître la vérité ; avant tout il nous faut vivre, nous maintenir en vie. **Nietzsche** le déclare nettement : *Il ne faut pas interpréter la nécessité où nous sommes de créer des concepts, des espèces, des formes, des fins, des lois (un monde de cas identiques), comme si elle devait nous mettre en mesure de fixer ce qu'est le « monde vrai ». Il faut y voir la nécessité de nous accommoder un monde qui nous paraît prévisible, simplifié, intelligible.* **VII - 321**

Et il va jusqu'à dire qu'il y a là une *falsification,* laquelle nous est nécessaire pour nous maintenir en vie : *La connaissance réduit faussement l'innombrable diversité des faits à l'identité, à l'analogie, à des quantités dénombrables. La vie n'est possible qu'à l'aide de cet appareil de falsification.* **XIV - I - 69**

De là il conclut : *Un monde en devenir ne pourrait être ni « conçu » ni « connu ». C'est seulement dans la mesure où l'intellect qui conçoit et connaît trouve devant lui un monde grossier, créé d'avance, charpenté à coups d'apparence, mais solidifié, et dans la mesure où cette sorte d'apparence a reçu la vie qu'il peut exister quelque chose comme la « connaissance ».* **XVI - 520**

Ici encore, **Nietzsche** fait appel à la méthode généalogique qu'il a par ailleurs employée pour l'étude des fondements de la morale. Alors que **Kant** jugeait les fondements de la logique comme des a priori irréductibles à l'expérience, **Nietzsche** considère que ces fondements ont une histoire, en relation avec les nécessités vitales qui ont marqué les époques antérieures de l'humanité : *Les fondements de la logique, le principe d'identité et le principe de contradiction sont, dit-on, des connaissances pures, car ils précèdent toute expérience. Mais ce ne sont nullement des connaissances ; ce sont des* **articles de foi régulateurs.** XVI - 530

Ce qu'il explicite en ces termes : *Notre logique, notre sens du temps et de l'espace sont de puissantes capacités d'abréviation dont le but est le commandement. Un concept est une invention à laquelle rien ne correspond exactement, mais à laquelle nombre de choses ressemblent. La proposition « deux choses égales à une troisième sont égales entre elles » suppose l'existence de choses et celle de l'égalité ; or, ni l'une ni l'autre n'ont d'existence. Cependant ce monde inventé de notions et de nombres fixes permet à l'homme de s'emparer d'une quantité innombrable de faits condensés en signes, et de les intégrer dans la mémoire. Le système de signes, précisément parce qu'il éloigne l'homme des faits isolés, constitue sa supériorité : réduire en signes ses nombreuses expériences, augmenter ainsi sa capacité de compréhension des choses, voilà en quoi réside sa force suprême. L' « intellectualité », capacité de se rendre maître d'une quantité considérable de faits réduits à la valeur de signes. Ce monde de l'esprit, ce monde de signes n'est qu'apparence et illusion.*
XIV - I - 80

On peut donc dire que notre intelligence logique n'œuvre pas dans l'absolu, mais dans le relatif, et qu'elle fausse la réalité pour nous permettre de la maîtriser afin de satisfaire aux exigences de la vie pratique.

Mais pour *Nietzsche,* le problème reste entier : ce flux

universel de toutes choses, cette réalité tout à la fois multiple et changeante, existe-t-il pour nous une possibilité de la saisir, ou bien devons-nous rester prisonniers des exigences pratiques de notre intellect ?

Ce problème est général ; il se pose autant dans l'ordre moral et social que dans l'ordre de la connaissance. Autrement dit, l'homme peut-il outrepasser les exigences de la logique, aller plus loin dans le sens du devenir ? A cela, **Nietzsche** répond : *Pure question de force ! Jusqu'à quel point faut-il se dresser contre les conditions de conservation de la société et ses préjugés ? Jusqu'à quel point peut-on déchaîner en soi les qualités redoutables dont la plupart des hommes périssent ? Jusqu'où aller à la rencontre de la vérité et s'en assimiler les aspects les plus inquiétants ?* **XVI - 934.** *A quoi il répond : La dose de vérité qu'un homme supporte sans se détruire, c'est sa mesure.* **XIII - 94**

« Sans se détruire », la réserve qu'expriment ces quelques mots est essentielle : dans le monde de notre adaptation, où l'exigence de stabilité apparaît primordiale, pouvons-nous, sans celle-ci, nous maintenir en équilibre ? Certes, on sait que l'intelligence logique, qui se nourrit de valeurs stables, peut être doublée d'intuition, cette faculté mystérieuse, qui nous permet d'accéder à la mobilité de la vie, mais en procédant par visions soudaines, fugitives, difficiles à retenir et à exprimer.

L'expérience intime des grands hommes, des créateurs, est nourrie de telles intuitions, mais, sans l'appui au moins intermittent de la raison logique, les profondeurs abyssales de l'être s'ouvrent devant eux, et ils courent le risque de s'y perdre. *Si tu regardes longtemps au fond d'un abîme,* a

Découverte de Nietzsche

dit **Nietzsche,** *l'abîme lui aussi regarde en toi.* **P.D.B. 146**

Cette expérience pleine de périls, **Nietzsche** l'a vécue dans le temps de sa grande solitude, mais il semble avoir été conscient du risque qu'il prenait en voulant pénétrer jusqu'au tréfonds les secrets du monde, et il disait : *Le danger du Sage est de sombrer dans la folie* (**Maximes et Sentences**).

« *Il n'est pas de génie sans un mélange de folie* » estimait déjà **Sénèque,** avec toute l'humanité antique.

Nietzsche déclare de son côté : *Presque partout, c'est la démence qui fraye la voie de la pensée neuve, qui lève l'interdit d'une coutume, d'une superstition respectée. Comprenez-vous pourquoi il fallait que ce fût la démence ? Quelque chose d'aussi effrayant et imprévisible dans la voix et les gestes que les caprices démoniaques de l'orage et de la mer, et donc d'aussi digne de crainte et d'attention qu'eux.* (**Aur. 14**).

Et il ajoute : *Faisons un pas de plus ! Tous les hommes supérieurs qui se sentirent irrésistiblement poussés à briser le joug d'une morale quelconque et à instaurer de nouvelles lois n'eurent pas d'autre solution, s'ils n'étaient pas réellement déments, que de se rendre déments ou de se donner pour tels,* ce qui rejoint cette autre déclaration : *Car parfois, la folie elle-même est un masque qui cache un savoir fatal et trop sûr.* **P.D.B. 270**

Ces paroles de **Nietzsche** donnent beaucoup à penser, car le problème de savoir ce que fut au juste sa folie, quelle mesure de lucidité il gardait derrière son masque d'absent, ce problème n'a jamais été résolu jusqu'ici et il reste posé.

5. Les mots et le langage

Il est infiniment plus important de connaître le nom des choses que de savoir ce qu'elles sont. — G.S. 58

Cette déclaration est au premier abord paradoxale, car on s'attendrait plutôt à ce que **Nietzsche** dise le contraire, qu'il attache une plus grande importance aux choses elles-mêmes qu'aux noms par lesquels on les désigne, surtout lorsqu'on considère qu'un des fondements de sa doctrine est la primauté des valeurs inconscientes sur le conscient.

Mais en disant cela, **Nieztzsche** se place tout simplement au point de vue de l'être extérieur, social, de la communication avec les autres hommes par le langage. Car si, dans sa réalité, le monde est reconnu comme un monde de multiplicité et de changement incessant, que nous sommes incapables d'appréhender tel quel, il nous faut dans la pratique avoir recours aux mots, afin comme le dit **Nietzsche** : *de simplifier les phénomènes réels extrêmement complexes qui composent la pensée, de telle sorte que notre pensée nous devienne saisissable, qu'elle puisse être notée et communiquée par des signes* **XVI - 477**

Pour les objets du monde extérieur, cette exigence de simplification s'impose tout naturellement, car ; *Cela permet à l'homme de s'emparer d'une quantité innombrable de faits condensés en signes (les mots), et de les intégrer dans la mémoire. Le*

système de signes (le langage), précisément parce qu'il éloigne l'homme des faits isolés, constitue sa supériorité. Réduire en signes ses nombreuses expériences, augmenter ainsi sa capacité de compréhension des choses, voilà en quoi réside sa force suprême. « L'intellectualité », capacité de se rendre maître d'une quantité considérable de faits réduits à la valeur de signes. **XVI - 1 - 80.**
L'on a vu plus haut que cette « maîtrise des choses » est la fonction essentielle de l'intelligence pragmatique.

Mais il en va tout pareillement pour la simplification de nos pensées, de nos sentiments profonds, qui composent notre vie intérieure. Comme cela est le plus souvent du domaine de l'inexprimable, nous sommes obligés, ici aussi, d'avoir recours au langage, non seulement pour nous faire comprendre d'autrui, mais de plus pour nous comprendre nous-mêmes : *L'expérience interne ne devient consciente qu'après avoir trouvé un langage intelligible pour l'individu.* **XVI - 479**

On a même vu certains philosophes prétendre établir une totale équivalence entre les choses et les mots qui les désignent. ***Nietzsche*** dénonce cette attitude comme ayant contribué à abuser le populaire : *La confusion qui s'est le plus longtemps perpétuée, c'est que l'épithète a été posée comme identique à l'objet. Les philosophes ont contresigné cette confusion en enseignant que les signes, les « idées » sont la véritable réalité, invariable et universellement valable. Même les mots du langage ont semblé longtemps (et semblent encore aujourd'hui aux gens du peuple) n'être pas des signes, mais des vérités relatives aux choses qu'ils désignent.* **XIII - 46**

Nietzsche reconnaît, comme on l'a vu, que, dans la perspective pragmatique, cette réduction des choses en

Découverte de Nietzsche

signes, en mots, a un but qui est de simplifier la complexité du réel, et, par là, de permettre tout à la fois la communication et l'action. De sorte que, comme le dit la sentence en tête de cette étude, dans la pratique de la vie, il est plus important de connaître le nom d'une chose que la chose elle-même ; il suffit de lire l'étiquette pour savoir ce que contient le flacon ; et **Nietzsche** ajoute : *De la façon dont les gens sont faits, ce n'est que le nom des choses qui les leur rend visibles.* **G. S.**

Mais, cette concession faite, **Nietzsche** souligne avec force que la connaissance ainsi obtenue à l'aide des mots est superficielle et fait obstacle à toute recherche en profondeur. Selon lui, *partout où les hommes plaçaient un mot, ils croyaient avoir fait une découverte. Combien il en était autrement, en vérité ! Ils avaient touché à un problème, et, croyant l'avoir résolu, ils avaient créé une entrave à sa solution. Aujourd'hui, pour parvenir à la connaissance, il faut trébucher sur des mots devenus éternels et durs comme de la pierre, et l'on se casserait plutôt une jambe que de briser un mot.* **Aur. 47**

Et il ajoute qu'une connaissance de la personnalité humaine dans son authenticité ne peut être obtenue par la seule expression consciente des sentiments et des pensées formulées dans le langage, car *tous nos actes sont bien au fond suprêmement personnels, uniques, individuels, incomparables. Mais dès que la conscience les traduit dans son langage, ils cessent d'apparaître comme tels... Le monde dont nous pouvons devenir conscients n'est qu'un monde de surface et de signes, un monde généralisé, vulgarisé ; qu'en conséquence, tout ce qui devient conscient devient par-là même superficiel.* **Gai Sav. - 354**

Nietzsche formule d'une manière poétique ce danger,

pour l'esprit créateur, de cette pétrification par les mots : *J'ai saisi cette idée en passant et, vite, j'ai pris les premiers mots venus pour la fixer, de crainte qu'elle ne s'envole... Et maintenant, elle est morte de ces mots stériles ; elle est là, suspendue, flasque sous ce lambeau verbal, et, en la regardant, c'est à peine si je me rappelle encore combien j'ai pu avoir un tel bonheur en attrapant cet oiseau.* **Gai Sav. 298**

A la lecture de ce qui précède, on serait porté à penser que *Nietzsche* se met en contradiction avec lui-même en critiquant, d'un côté l'usage des mots, et de l'autre en les déclarant indispensables. Il dit en effet : *Cette aspiration commune à l'apparence, à la simplification, au masque, au manteau, bref à la surface des choses (car toute surface est un manteau) est contrecarrée par une tendance plus noble à la connaissance, qui veut aller et va à la racine et la complexité des choses.* **P.D.B. 230**

Le mot « noble » vise ici l'intelligence supérieure des créateurs, opposée à l'intelligence commune, qui se satisfait de la sécurité du statu quo, et, pour cette raison, s'accommode du monde de stabilités que lui apporte le langage. Au fur et à mesure que notre connaissance se dégage de l'asservissement esclave du déjà connu et fixé, à mesure qu'elle s'approfondit, elle découvre que les notions de stabilité, de substance fixe, d'individu, de type, d'atome (toutes bien entendu exprimées par des mots) sont superficielles et que, pour progresser, faire œuvre créatrice, il faut que les concepts statiques anciens fassent place à des concepts dynamiques. Et, dans le même sens, *Nietzsche* déclare : *Qu'est-ce que l'originalité ? C'est de voir quelque chose qui n'a pas encore de nom, qui ne peut pas être nommée, quoiqu'elle se trouve devant tous les yeux.*

D'autres penseurs ont, après **Nietzsche,** souligné cette opposition entre la surface de l'être, qui s'exprime par le langage, et sa profondeur, son originalité personnelle, si difficilement exprimable. Ainsi, l'écrivain français **Jacques Rivière,** développant avec une grande clairvoyance psychologique sa thèse de la *sincérité*, « perpétuel effort, dit-il, pour créer son âme telle qu'elle est », ajoute : *Ce n'est jamais par moi que je commence : les sentiments où j'entre naturellement ne sont pas miens ; je ne les éprouve pas ; j'y tombe d'abord comme dans une ornière. Ils m'entraînent parce qu'ils sont commodes et rassurants ; tout le monde les a déjà parcourus... Je ne songe pas à douter de leur vérité tellement je leur vois d'avantages... ils sont calculés pour permettre la conversation... Ce sont mes secondes pensées qui sont les plus vraies, celles qui m'attendent, celles jusqu'où je ne vais pas.*

6. La mémoire

Je devrais être un tonneau de mémoire si je devais garder la raison de toutes mes opinions.

L'on a vu précédemment que tout s'enregistre dans notre organisme, mais pour la plus large part inconsciemment ; que le conscient, par contre, est une sélection, sélection utile en ce qu'est choisi à chaque moment de notre vie ce qui peut être utile à l'action présente. Si le

Découverte de Nietzsche

conscient n'opérait pas ce choix, nous serions débordés par l'extrême multiplicité des impressions et, de ce fait, paralysés.

Il faut reconnaître en effet que la mémoire est immanente à la vie.

Nietzsche déclare : *Il n'y a pas d'organe propre de la mémoire. Chaque mot, chaque nombre est le résultat d'un phénomène physique et s'est fixé quelque part dans les nerfs. Tout ce que le système nerveux assimile continue de vivre en lui.* **XI - 2 - 311**

Mais **Nietzsche** renverse ici les termes habituels en psychologie : il considère comme essentiel, non la capacité de se souvenir, mais la *capacité d'oublier*, et il montre que cette capacité est au service de la vie.

L'oubli n'est donc pas selon lui un manque, une défaillance de la fonction psychique. *C'est bien plutôt une faculté d'inhibition active, une faculté positive dans toute l'acception du terme. Grâce à lui, toutes nos expériences vitales, tout ce que nous absorbons se présente aussi peu à notre conscience pendant que nous le digérons (ce qu'on pourrait appeler une absorption psychique) que le processus multiple qui se passe dans notre corps pendant que nous assimilons notre nourriture... Voilà, je le répète, l'utilité de la faculté active d'oubli, une sorte de gardienne, de surveillante, chargée de maintenir l'ordre psychique, la tranquillité, l'étiquette... L'individu chez lequel cet appareil d'inhibition est endommagé et ne fonctionne plus peut être comparé à un dyspeptique ; il n'en finit jamais avec rien.* — **Généal - II - 1**

En troisième lieu, **Nietzsche** place ce qu'on appelle d'ordinaire en psychologie *la mémoire*. Il déclare : *Cet animal oublieux par nécessité, pour qui l'oubli représente une force,* *la condition d'une santé psychique robuste, a fini par acquérir une faculté contraire, la mémoire, à l'aide de laquelle, dans des cas déterminés, l'oubli est suspendu* — **loco citato**

Cette mémoire, qui fait passer un souvenir de l'inconscient dans le conscient, peut entrer en action sous diverses influences : idéatives, émotives ou volontaires. Elle est reliée à l'activité intellectuelle tout entière, dont elle est une fonction utile. Il se trouve qu'à notre époque, où la primauté est souvent donnée à l'intelligence livresque, on valorise à l'excès cette faculté de se remémorer tout ce que l'on a enregistré, au détriment même des exigences de la situation vitale actuelle. ***Nietzsche*** déclare que ce qu'on considère là comme un avantage est en réalité un obstacle à la vraie culture de l'esprit : *Certains hommes,* dit-il, *ne parviennent pas à devenir des penseurs parce qu'ils ont une trop bonne mémoire.*

Il est bien vrai, comme ***Nietzsche*** le souligne, que, si la faculté créatrice est le propre de l'intelligence authentique, en ce qu'elle conduit à trouver des solutions neuves aux problèmes posés, l'homme qui se rappelle tout ce qu'il a appris, qui a par conséquent pour tous les problèmes une solution toute prête, apportée par le souvenir de ce que d'autres ont découvert avant lui, cet homme-là ne cherchera pas, puisqu'il a déjà trouvé. On peut donc dire avec ***Nietzsche,*** en conclusion, que la mémoire de rappel ne doit pas être une faculté indépendante, fonctionnant pour elle-même, mais qu'elle n'a de valeur que si elle s'intègre aux autres facultés de l'intelligence, s'harmonise avec elles, se remémorant ce qui convient au but qu'elle se propose d'atteindre, et rejetant le reste comme inutile.

7. Rationalisation

Le monde nous paraît logique parce que nous avons commencé par le rendre logique. **XVI - 521**

L'on vient de voir que, pour **Nietzsche,** l'intelligence a essentiellement une fonction d'utilité *(pragmatisme)*, et qu'elle est de même intimement liée à l'activité de l'organisme tout entier *(perspectivisme)*.

En cette matière, l'on sait que la raison logique constitue une fonction psychique indispensable pour la mise en ordre du monde qui nous entoure, ce monde de multiplicité et de changement que notre intelligence est incapable d'appréhender tel quel.

Cette raison logique remplit un rôle social important, car elle a force de loi dans la Société. S'imposant à tous également, en tant qu'opinion collective, elle est bien entendu en conflit avec les sentiments et les passions individuelles, qu'elle réprime dans une large mesure, comme le fait le refoulement, quoique avec moins de brutalité, donc avec cet avantage que le sujet qui rationnalise garde bonne conscience et ne souffre pas du conflit, au moins en apparence.

Mais il advient souvent que cette raison logique outrepasse ses pouvoirs, en s'opposant d'une manière radicale à la vie affective, au point de l'occulter en s'y substituant.

Découverte de Nietzsche

C'est qu'alors les règles logiques par lesquelles nous érigeons un ordre dans la nature n'ont pas leur source dans celle-ci, mais sont une projection de notre propre exigence logique intérieure, et ont de ce fait le caractère pathologique d'une névrose. Tel est le processus appelé « rationalisation », par lequel nous cherchons à justifier à l'aide d'arguments logiques des opinions, des sentiments, des attitudes passionnelles, des actions que la société, et par voie de conséquence nous-mêmes, considérons comme inavouables tels quels.

Avec sa grande lucidité de psychologue, **Pascal** avait déjà pressenti ce processus de « justification rationnelle »; il écrit dans ses **Pensées** : « *Il n'y a parmi nous ni vérité, ni justice; la coutume et la force en tiennent lieu et se bâtissent ensuite des justifications.* »

Nietzsche, dans plusieurs de ses aphorismes, nous montre comment la rationalisation transpose ainsi des sentiments refoulés, parce qu'inacceptables pour l'opinion commune, en raisons justificatives. Il déclare : *Les hommes qu'on ne peut pas souffrir, on cherche à se les rendre suspects.* **Hum. - 557.** De même : *La haine du mal est le manteau d'apparat à l'aide duquel les pharisiens travestissent leurs antipathies personnelles.* **Zarath.**

Le domaine de ce processus de rationalisation est très étendu, et va beaucoup plus loin qu'on ne le pense communément, à ce point même que nombre de convictions, voire de doctrines, qui nous paraissent parfaitement fondées en raison, ont leur origine dans ce processus névrotique. Ainsi **Nietzsche** dit : *Des passions naissent les opinions, et la paresse d'esprit les fait cristalliser en convictions.* **Hum. - I - 637**

Découverte de Nietzsche

De même : *La volonté de parvenir à la vérité et à la certitude naît de la crainte que produit l'incertitude.* **XIV - I - 26,** d'où il résulte qu'une attitude intellectuelle qui paraît sereine peut être liée à une angoisse existentielle profonde.

Nietzsche va jusqu'à mettre en cause ici certains principes rationnels qui passaient jusque-là pour être le fondement même d'une logique complètement indépendante de la vie affective : *Une morale, une méthode de vie éprouvée, prouvée par une longue expérience (donc relative aux conditions de vie particulières d'un peuple) finit par être ressentie comme souveraine, comme une loi... Il se pourrait qu'il en soit advenu de même des « catégories de la raison »... Vint un moment où l'on en prit conscience comme d'un tout et où on les prescrivit, c'est-à-dire qu'elles agirent comme des « prescriptions ». Dès lors, elles ont passé pour des « a priori », placées au-delà de l'expérience, inéluctables.* **XVI - 514**

Et l'auteur conclut en insistant sur la parenté entre la rationalisation et le refoulement, décelant dans le processus rationnel extrême, détaché de la vitalité, une manifestation de morbidité : *La raison à tout prix, la vie dans la clarté, froide, prudente, consciente, dépourvue d'instinct, en lutte contre les instincts, n'est qu'une maladie, et nullement un retour à la « vertu », à la « santé », au bonheur. Être forcé de lutter contre les instincts, c'est la formule même de la décadence : tant que la vie est ascendante, bonheur et instinct s'identifient.*

Chapitre VI

LE PRÉTENDU IMMORALISME DE NIETZSCHE

Une des thèses essentielles de **Nietzsche** est que les moralistes ont d'ordinaire manqué de sens historique, car ils ont considéré les règles édictées par la morale comme ayant une valeur absolue, indépendante des époques et des pays, et, pour certains mêmes, comme une émanation directe de l'esprit de la divinité. En conséquence, **Nietzsche** s'est proposé d'établir une généalogie de la morale, en montrant que la « moralité des mœurs » est relative aux conditions de vie d'une communauté donnée, d'une époque donnée, et qu'elle n'a donc rien d'absolu. Le grand intérêt de son étude est de dénoncer le caractère en grande partie artificiel des règles morales qui, pour sauvegarder l'existence d'un groupe, font fi de l'individu et, par là même, négligent d'aller aux sources de la vie profonde.

C'est ainsi qu'il condamne notamment la morale négative de l'interdit, son opposition manichéenne du Bien et du Mal : Le prétendu immoralisme de Nietzsche - I -.

Dans le même sens, il dénonce l'opposition habituelle de l'égoïsme et de l'altruisme. Il montre que ces deux mots n'ont pas la même signification selon la plénitude de vie du sujet auquel ils s'appliquent : Altruisme et Égoïsme - II.

Au règne de la pensée qui, selon la philosophie idéaliste, gouvernerait l'homme et lui permettrait d'agir librement, selon sa raison, **Nietzsche** substitue le règne des forces inconscientes, qui, comme on l'a vu déjà au chapitre 2, nous déterminent en secret, la volonté ne pouvant être considérée, dans cette perspective, comme une force autonome, mais résultant de l'équilibre des forces en présence : La morale du libre arbitre et l'inconscient - III -.

Poursuivant son étude du rôle de l'inconscient, ici dans la vie morale, **Nietzsche** dénonce l'hypocrisie de beaucoup d'attitudes morales conscientes, le masque que la vie sociale nous impose très souvent : Les contrefaçons de la vertu - IV -.

Dans le même sens, il montre le caractère superficiel, inauthentique, de ce qu'on appelle la civilisation : Civilisation - V -.

1. Le prétendu immoralisme de Nietzsche

Nos défauts sont nos meilleurs maîtres, mais on est toujours ingrat envers ses meilleurs maîtres.

On a fait à **Nietzsche** une réputation d'immoralisme parce qu'il a contesté les préceptes de la morale régnante.

Découverte de Nietzsche

Mais c'est qu'il est opposé à tout dogmatisme doctrinaire, et qu'il veut appliquer à l'étude de la morale l'esprit de la science. Il écrit : *On a considéré jusqu'ici la valeur de ces « valeurs morales » comme donnée, comme étant au-delà de toute mise en question.* **Généal. - I - 6**

Et il précise sa pensée en ces termes : *C'est sur le Bien et le Mal qu'on a jusqu'ici le plus pauvrement réfléchi. Ce fut toujours une chose trop dangereuse : la conscience, le bon renom, l'enfer et même parfois la police ne permettaient pas et ne permettent pas l'impartialité. C'est qu'en présence de la morale, il n'est pas permis de réfléchir, et encore moins de parler ; là il faut obéir.* **(Préface d'Aurore)**

La morale, telle qu'elle est imposée d'ordinaire, a sa source dans la « moralité des mœurs », dans la coutume ; *J'appelle « morale » un système de jugements de valeur qui est en relation avec les conditions d'existence d'un être.* **XV - 256.**
Pascal avait dit déjà dans ses « Pensées », parlant de la relativité de la morale : *Vérité en deçà des Pyrénées, erreur au-delà.* Dans cette perspective, ***Nietzsche*** veut établir une « Généalogie de la morale » ; c'est, on le sait le titre d'un de ses premiers livres. Pour lui, toute morale a une histoire : *Partout où nous rencontrons une morale, nous trouvons une estimation et un ordre hiérarchique des pulsions et des actions humaines. De telles estimations et de telles hiérarchies sont toujours l'expression des besoins d'une communauté, d'une masse grégaire : ce qui est profitable à celle-ci constitue aussi le critère suprême pour la valeur de tous les individus du même groupe.* **Gai Savoir - 116**
Nietzsche se fait principalement le critique de la morale chrétienne traditionnelle, et s'élève contre l'opposition manichéenne du Bien et du Mal. Il proteste contre la

division de l'être humain en deux personnalités antagonistes qui se combattent, qui *doivent* se combattre en une lutte d'irréconciliables, vue le plus souvent comme l'opposition dans l'homme du divin et du diabolique. Il écrit : *D'où vient cette idéologie contre nature qui répudie la nécessité duelle du Bien et du Mal, qui enseigne que l'idéal est de n'avoir qu'une demi-capacité ? D'où vient cette « hémiplégie de la vertu », cette invention de l'homme « juste »* ? **XV - 351**

De la même façon, la morale courante oppose l'homme « civilisé » (le Bien) à l'homme « sauvage » (le Mal), mais cela est selon **Nietzsche** contraire à la nature des choses : *Quand on parle de « l'humanité », on se représente qu'elle pourrait être ce qui sépare et distingue l'homme de la nature. Mais dans la réalité, il n'y a pas de telles séparations : les qualités « naturelles » et les qualités proprement « humaines » sont indissolublement mêlées. Dans ses facultés les plus élevées, les plus nobles, l'homme est tout entier nature et porte en lui cette même inquiétante duplicité. Ses aptitudes redoutables et qui passent pour inhumaines sont peut-être même le sol fertile, le seul où peut germer la véritable humanité, tant dans les sentiments que dans les actions et les œuvres.* **IX - 263**

Nous retrouvons ici les thèmes du primat de la vie, de la volonté de puissance et de la grande raison du corps. Selon **Nietzsche,** condamner, comme on le fait, les puissances du corps, les instincts, les passions, c'est condamner la vie. Pour lui, il n'est pas vrai que le Bien et le Mal s'opposent d'une manière irréductible. D'abord, il y a de l'arbitraire dans notre définition du Mal ; c'est ce que la Société condamne comme contraire aux règles qu'elle édicte, en particulier tout ce par quoi l'individualité d'un homme veut se manifester. Ainsi, dit **Nietzsche** : *Les esprits* *forts, les esprits méchants sont de ceux qui, jusqu'à maintenant, ont le plus contribué aux progrès de l'humanité. Ils n'ont jamais cessé d'enflammer à nouveau les passions assoupies — toute société bien ordonnée assoupit les passions —; ils n'ont cessé de réveiller l'esprit de comparaison, de contradiction, le goût du nouveau, le goût des tentatives audacieuses, des expériences à instituer.*

En second lieu, **Nietzsche** reproche à la morale de *tenir le Bien et le Mal pour des réalités contradictoires, et non, ce qui serait la vérité, pour des valeurs complémentaires. Car, par exemple : l'amour et la cruauté ne sont pas des contraires; on les trouve toujours côte à côte dans les natures les meilleures et les plus vigoureuses. De même : Il faut être bon et méchant ; et quiconque est bon autrement que par faiblesse est toujours méchant à un degré éminent.*

On voit dans ces déclarations se substituer à la notion de l'homme « bon », toujours quelque peu équivoque, celle de l'homme de « valeur », grand par sa puissance. **La Rochefoucauld** disait déjà : *Il n'appartient qu'aux grands hommes d'avoir de grands défauts ;* et : *la faiblesse est plus opposée à la vertu que le vice.*

On a vu au chapitre consacré à la psychanalyse que s'opposent ici le refoulement et la sublimation. Ce que **Nietzsche** reproche à la morale courante, c'est de prôner comme nécessaire le refoulement des puissances vitales, dont la société a peur, les considérant comme toujours dangereuses.

Mais ces puissances vitales peuvent être facteurs de progrès et de création ; elles sont souvent un stimulant puissant, comme on l'a vu. Ainsi, selon la citation donnée au début : *Nos défauts sont nos meilleurs maîtres, mais on est toujours ingrat envers ses meilleurs maîtres.* Et de même : *Les grandes époques de notre vie sont celles où nous avons enfin le courage de déclarer que le mal que nous portons en nous est le meilleur de nous-mêmes.* **Nietzsche** s'élève au nom du primat de la vie contre cette morale de l'interdit, qui est une morale négative. Il dénonce : *Cette folie des moralistes, qui exige qu'au lieu de dompter les passions, on les extirpe. Leur conclusion est toujours que l'homme émasculé est le seul homme vertueux. Cette pensée à courte vue, funeste entre toutes, la pensée des moralistes, vise à tarir les grandes sources d'énergie de l'âme, ces torrents souvent impérieux et si dangereux dans leur jaillissement, au lieu d'en domestiquer et d'en économiser la puissance.* **XV - 383**

On voit déjà, dans cette citation, soulignée la nécessite de la maîtrise des passions, Également dans les deux textes suivants ; *Les grandes sources de force, ces torrents de l'âme, souvent dangereux et jaillissant avec impétuosité, au lieu d'utiliser leurs puissances pour la domestiquer et en faire une juste économie, l'esprit moral, cet esprit étroit et néfaste veut les faire tarir.* **XVI - 237.** Et il ajoute : *Tous les instincts inférieurs doivent être présents dans leur fraîcheur et leur force, si l'on veut que les instincts les meilleurs et les plus élevés se maintiennent. Mais il faut qu'une main ferme tienne le gouvernement de l'ensemble ; autrement le danger est trop grand.* **XVI - 326**

Bien loin de prôner l'indiscipline des mœurs, comme on l'a dit parfois, **Nietzsche,** faisant allusion à la situation de l'artiste, qui doit faire face à ses propres passions tumultueuses, déclare : *Encore une fois, ce qui importe avant tout « sur la Terre comme au Ciel », c'est d'obéir longtemps et dans une même direction.* **P.D.B. 188**

Il dit encore : *Ce qui fait le caractère essentiel et inappréciable de toute morale, c'est qu'elle est une contrainte prolongée.* **P.D.B. - i.d.** D'autre part, pour utiliser l'énergie des passions dans une action constructive, puisque le refoulement est une force négative, il faut utiliser la force positive que représente la sublimation. **Nietzsche** y insiste ; selon lui, le Bien et le Mal sont complémentaires parce qu'ils sont : *issus de la même source de vie : le Bien est toujours la transformation d'un Mal par sublimation.* **XII - 2 - 131.** Et il ajoute : *Entre les bonnes et les mauvaises actions, il n'y a pas de différence de nature, mais tout au plus de degré : les bonnes actions sont de mauvaises actions sublimées, les mauvaises actions sont de bonnes actions grossièrement, sottement accomplies.* A quoi l'on peut ajouter : *Il faut être bon et méchant ! Et quiconque est bon autrement que par faiblesse est toujours méchant à un degré éminent.*

2. Altruisme et Égoïsme

Le Toi est plus ancien que le Moi. (Zarathoustra)

Comme l'opposition du Bien et du Mal étudiée précédemment, l'opposition de l'altruisme et de l'égoïsme apparaît au premier abord comme un des fondements essentiels de la morale. Mais, ici encore, **Nietzsche** dénonce le caractère non scientifique de cette opposition, car elle repose, selon lui, non sur une analyse psychologique approfondie, comme il se devrait, mais sur une conception subjective et conformiste de la vie en commun. **Nietzsche** applique ici la méthode généalogique qu'il a instaurée, comme on l'a vu déjà, pour l'étude des problèmes moraux. Il déclare : *Le Toi est plus ancien que le Moi. Le Toi est tenu pour sacré, mais pas encore le Moi. C'est pourquoi l'homme s'empresse vers son prochain.* **Zarath.**

C'est qu'en effet, à leurs débuts, les hommes, exposés à toutes sortes de dangers, se groupent pour s'en défendre ; ils ont besoin d'être étroitement solidaires les uns des autres, de s'entr'aider, et tout comportement trop individualiste peut s'avérer périlleux, tant pour le sujet lui-même que pour son entourage. Il s'en déduit que : *Ce n'est pas entre altruisme et égoïsme qu'est la différence fondamentale qui porte les hommes à distinguer le moral et l'immoral, le bon et le mauvais, mais dans l'attachement aux traditions, à une loi, et la tendance à s'en affranchir.* **Hum. - II - 96**

Et cela a une signification morale : *L'agrément du troupeau est de date plus ancienne que l'agrément de l'individu, et tant que la bonne conscience s'appelle troupeau, il n'y a que la mauvaise conscience pour dire Moi.* **Zarat.**

Il apparaît donc que cette forme d'altruisme, qui consiste à privilégier tout ce qui est profitable à la communauté, est étroitement liée à l'instinct de conservation, qui prône le maintien du statu quo, et interdit l'aventure avec ses risques ; ce qui fait dire à **Nietzsche :** *L'homme est un piètre égoïste : le plus malin tient plus à son habitude qu'à son avantage.*

L'égoïsme n'est donc pas si naturel à l'homme qu'on le croit d'ordinaire : *L'égoïsme est un phénomène tardif et encore rare ; les sentiments grégaires sont plus anciens et plus puissants. Par exemple, l'homme s'estime encore à la mesure de l'estime qu'on a pour lui (vanité). Il réclame encore les mêmes droits que les autres... L'homme n'est pas encore un individu, un ego, même à notre époque ; il ne sent son existence personnelle complètement justifiée qu'en fonction du tout.* **XII - 1- 228**

Davantage, **Nietzsche** ajoute : *Même chez l'homme dont l'individualité est éveillée, la masse originaire des sentiments grégaires est encore prépondérante, et il s'y attache une bonne conscience* **(ibid.)**

Ce qui le prouve, c'est que la plupart des hommes n'osent pas assumer leur individualité, tant ils trouvent de sécurité dans l'atmosphère collective : *A certains moments, nous faisons les plus longs préparatifs de notre vie pour fuir nos tâches véritables. Nous voudrions cacher notre tête n'importe où pour que notre conscience aux cent yeux ne puisse nous saisir. Nous abandonnons notre cœur en hâte à l'État, au gain lucratif, à la Société, à la science, simplement pour que ce cœur ne soit plus en notre possession. Nous nous abandonnons nous-mêmes à la dure tâche quotidienne plus qu'il ne nous serait nécessaire... et tout cela, parce qu'il nous semble indispensable de ne pas reprendre conscience de nous-mêmes.* **Schopenh. Éduc.**

Si le désir de se maintenir solidaire d'autrui est souvent pris pour de l'altruisme, il faut reconnaître que c'est un altruisme de valeur négative. **Nietzsche** le stigmatise dans le chapitre de « Ainsi parlait Zarathoustra » intitulé « L'amour du prochain » : *Vous fuyez devant vous-même pour vous réfugier chez votre prochain, et vous voudriez faire de cela une « vertu » ! Mais je perce à jour votre « désintéressement ».* Il dit encore : *L'un se porte vers son prochain parce qu'il est à la recherche de lui-même, et l'autre parce qu'il voudrait se perdre. Votre mauvais amour de vous-mêmes fait de votre solitude une prison.*

Certes, ce n'est pas là un véritable altruisme, puisqu'on

Découverte de Nietzsche

n'y trouve pas le don de soi à autrui qui est le fondement même de la générosité. Mais **Nietzsche** objecte à la conception courante opposant altruisme et égoïsme que, pour être généreux, il faut disposer d'une surabondance de vie ; il faut que l'instinct d'expansion prévale sur l'instinct de conservation ; il faut donc un ego fort : *C'est la richesse de la personnalité, la profusion intérieure, le jaillissement et le don, le plaisir instinctif et l'approbation de soi qui font les grands sacrifices et le grand amour... Quand on n'est pas ferme et solide dans sa peau, on n'a rien à donner ; on ne peut tendre la main, ni servir d'appui et de bâton.* **XV - 388**

On a souvent taxé **Nietzsche** d'égoïsme à cause de la doctrine du surhomme. Mais ici encore, il faut appliquer la distinction de la vie ascendante et de la vie décadente, de l'instinct d'expansion et de l'instinct de conservation. Il est un égoïsme pauvre, qui se confond avec l'altruisme de sauvegarde dont il a été parlé plus haut ; Mais comme on vient de le voir par la citation précédente, il est un égoïsme riche, non pas celui qui se replie sur lui-même en s'isolant, mais celui qui pousse ses antennes vers le monde et participe à la vie universelle. **Nietzsche** donne ici sa conception particulière de l'individu, de l'ego : *Rectification du concept « égoïsme ». Si l'on a compris à quel point le concept de « l'individu » est erroné, alors que tout être particulier est justement le processus entier en ligne droite (non pas seulement l'héritage de ce processus, mais le processus lui-même), l'être particulier acquiert une énorme importance : l'instinct parle en lui avec beaucoup de justesse. Quand cet instinct faiblit, quand l'individu se cherche une valeur dans le service d'autrui, on peut conclure en toute sécurité à la lassitude et à la dégénérescence. L'altruisme des sentiments n'est le* *plus souvent qu'apparent : il est un détour destiné à conserver le sentiment propre de notre vie, de notre valeur.* **268**

Une fois de plus, **Nietzsche** se pose en psychologue des profondeurs et dénonce toute la part d'artificiel qu'il y a dans les mots du langage psychologique.

Ajoutons qu'on a souvent reproché à **Nietzsche** le caractère au premier abord choquant de son opposition de la morale des maîtres et de la morale des esclaves. On sait que **Nietzsche** est un provocateur, qui aime se servir des mots qui font choc. Mais il faut comprendre que cette formulation représente en fait l'opposition de la vie ascendante et de la vie décadente, ou si l'on préfère, l'opposition de la morale de l'affirmation de la vie à la morale de la négation, de l'interdit. Un écrivain d'inspiration chrétienne **G. Thibon** l'a fort bien compris ; dans son ouvrage « Nietzsche ou le déclin de l'esprit », il déclare : *Il existe deux morales : celle des forts, des maîtres, et celle des faibles, des esclaves. La première est héroïque : elle exalte toutes les valeurs qui dépassent l'individu ; la seconde est utilitaire : elle exalte les valeurs qui le conservent. Dans tous les domaines (guerre ou paix, haine ou amour, destruction ou conservation), l'homme fort appelle vertus tous les états d'âme qui tendent à manifester, à répandre et à asseoir la force : la véracité, la dureté, la bravoure, le mépris de la mort, la fierté, la maîtrise de soi, l'esprit chevaleresque, le maintien des privilèges, la gratitude, le respect des vieillards, le culte rigoureux des traditions ancestrales... etc. L'homme faible, au contraire, voit des vertus dans tout ce qui tend à protéger, à consoler et à venger la faiblesse : la douceur, la patience, l'humilité, l'esprit de concorde et d'entraide, l'égalitarisme, l'émancipation des classes inférieures, le mensonge sacré etc. Et la même antinomie se retrouve* *dans l'évaluation du Mal : le Mal, pour le fort, ce sont les instincts de l'homme du troupeau ; pour le faible, ce sont tous les instincts de l'homme de proie. Le premier voit le mal dans la faiblesse, qu'il méprise, et le second dans la force, qu'il redoute.*

Ce qui peut se résumer en ceci : que la morale du troupeau consiste surtout dans la *vertu d'omission,* qui est de s'abstenir du mal, tandis que chez les maîtres, la plénitude de vie impose la *vertu d'action* par laquelle l'homme affirme sa surabondance vitale ; l'omission, le renoncement à la vie étant au contraire selon eux le péché.

Comment peut-on parler alors de l'immoralisme de **Nietzsche,** puisque sa conception de la vie morale vise simplement à substituer à la morale de l'interdit une morale de l'affirmation de la vie, se rencontrant en cela avec le grand éducateur suisse **Foerster** qui disait : *Il faut traduire les exigences de la morale dans le langage de la vie croissante.*

En conclusion de cette étude, on pourrait dire que l'opposition courante entre altruïsme et égoïsme résulte d'une vue en quelque sorte « à ras de terre », conforme aux exigences pratiques de la société. Mais lorsqu'on s'élève à un point de vue supérieur, tous les antagonismes de ce genre (en particulier aussi celui du Bien et du Mal) se résolvent en une unité, et, chez les hommes de valeur, qu'on taxe volontiers d'égoïsme, on constate que la surabondance des forces qui alimente cet égoïsme peut souvent déferler en actions altruïstes dans un domaine qui, à la vérité, n'est pas celui de l'utilité immédiate, mais celui des promesses d'avenir que renferme toute œuvre de génie.

3. La morale du libre arbitre et l'inconscient

C'est le sentiment de notre supériorité de force que nous appelons notre libre arbitre. **XIII - 635**

Que l'homme possède un libre arbitre, une volonté autonome est une thèse essentielle de la psychologie morale traditionnelle. La volonté y est considérée comme un pouvoir indépendant, placé en quelque sorte au-dessus de la personnalité, s'imposant aux instincts, aux sentiments et à la pensée. Se trouve intimement lié au problème de la volonté celui de la responsabilité ; car si je dispose librement de ma volonté, je suis le maître d'accomplir ou de ne pas accomplir certaines actions, et j'en suis donc responsable.

Nietzsche refuse cette notion de volonté libre, parce qu'en fait, c'est une notion statique, qui ne tient aucun compte du dynamisme vital profond, celui des puissances inconscientes. Or, parler de dynamisme, c'est mettre au premier plan le jeu des forces qui agissent dans notre organisme et privilégier par conséquent la notion de *l'équilibre des forces.*

Nietzsche étudie dans cette perspective la manière dont nous accomplissons une action. La morale traditionnelle dit : « Nous la faisons parce que notre volonté l'a décidée. » En fait, dit **Nietzsche,** l'action est presque toujours la réponse à une excitation, mais, comme l'organisme est constamment soumis à de multiples excitations : *pour qu'une excitation soit efficace, il faut qu'elle soit plus forte que l'excitation contraire, laquelle est toujours présente ; par exemple, il faut surmonter le désir du repos, la paresse. C'est ainsi que l'image d'un phénomène n'agit pas toujours comme une excitation efficace parce qu'il y a une contre-excitation réelle et plus forte ; nous parlons de cas où l'on veut sans pouvoir.*

Ici intervient la notion d'inconscient, car la contre-excitation dont il s'agit peut très bien n'être pas consciente, et n'être perçue alors que comme une force diffuse de résistance qui nous réduit à l'impuissance mais à notre insu : *Il y a lutte, bien que nous ne sachions pas qui lutte. La volonté, qui détermine l'action, intervient quand la contre-excitation diminue. Ainsi nous continuons à sentir quelque résistance, et c'est cette résistance qui, faussement interprétée, nous donne le sentiment de triomphe qui accompagne la réussite d'une action voulue.*

Selon **Nietzsche,** c'est cette fausse interprétation qui nous fait croire à notre libre arbitre : *Ce n'est pas nous qui faisons triompher notre représentation ; elle triomphe parce que la contre-excitation s'est affaiblie.* **XII - I - 302**

Cette notion de l'équilibre des forces, **Nietzsche** la précise ainsi : *Libre, cela signifie « ni heurté, ni poussé », sans aucun sentiment de contrainte. Lorsque nous ressentons une résistance à laquelle nous devons céder, nous ne nous sentons pas libres.* D'où se déduit la déclaration placée en tête de cette étude que : *c'est le sentiment de notre supériorité de force que nous appelons notre libre arbitre.*

Il convient d'ajouter que, dans la conception traditionnelle, on considère que la volonté, lorsqu'elle s'exerce dans sa plénitude, est éclairée par la raison : avant de nous décider à une action, nous réfléchissons, nous mettons en présence les conséquences possibles de cette action, nous les comparons et nous décidons en faveur de l'action qui entraînera les suites les plus favorables.

Mais **Nietzsche** souligne ici *la grande difficulté qu'il y a à deviner les conséquences, à les apercevoir dans toute leur force et surtout dans leur totalité, sans la moindre omission. En outre, ce calcul doit faire aussi la part du hasard. Et même, pour nommer la difficulté majeure, toutes les conséquences, déjà si difficiles à déterminer séparément, doivent être ensuite équilibrées ensemble sur une même balance, et très souvent, pour cette casuistique de l'avantage, nous n'avons ni balance ni poids, à cause des différences de qualité entre toutes les conséquences possibles.*

Il ajoute qu'à supposer que nous ayons triomphé de ces premières difficultés, et que nous possédions alors, avec l'image des conséquences d'une certaine action, un mobile pour faire cette action, il s'en faut que nous ayons résolu le problème. Les choses en effet se compliquent, car nous n'avons jusqu'ici opéré que sous le clair regard de la conscience. Or, il y a en outre des facteurs inconscients qui vont intervenir derechef à notre insu. C'est ici que **Nietzsche** se révèle comme psychologue des profondeurs ; il dit : *Oui, nous avons un mobile ! Mais à l'instant où nous agissons, nous sommes souvent déterminés par un mobile différent de celui dont nous venons de parler, de l'image des conséquences. C'est alors qu'intervient la façon dont nos forces ont l'habitude de jouer — ou encore une légère poussée imprimée par une personne que nous craignons, ou vénérons ou aimons — ou encore l'indolence qui* *préfère choisir la solution qu'elle trouve sous la main — ou encore une excitation imaginative provoquée au moment décisif par le premier incident venu — ou alors intervient un facteur physique qui apparaît de façon totalement imprévisible — ou encore l'humeur — ou l'irruption d'une pulsion quelconque qui se trouve par hasard justement prête à bondir. Bref des mobiles que pour une part nous ignorons, et que, pour l'autre part nous connaissons très mal et que nous ne pouvons jamais comparer respectivement à l'avance dans nos calculs.*

Il est probable qu'un combat se livre entre ces facteurs surajoutés, mais c'est à notre insu : *Le combat me reste caché, ainsi que la victoire en tant que victoire ; car j'apprend bien ce que je fais finalement, mais je n'apprend pas quel est le mobile réel qui, dans cet acte, a triomphé.*

On ne peut nier toutefois qu'il y ait quelque chose qu'on est fondé à appeler volonté, qui se manifeste dans nos décisions et dans nos actions. Comment faut-il alors comprendre cette volonté, dont **Nietzsche** conteste l'existence comme faculté autonome ? Pour lui, elle dépend essentiellement de l'équilibre général des forces de la personnalité, équilibre qui est lié au degré de cohérence des pulsions, à la manière dont celles-ci s'intègrent les unes aux autres : *Faiblesse de la volonté : c'est une image qui peut induire en erreur, car il n'y a pas de volonté ; donc il n'y a ni volonté forte, ni volonté faible. La pluralité et l'incohérence des pulsions, l'absence de systématisation entre elles produit la volonté faible. La coordination de ces pulsions sous la prédominance de l'une d'elles produit la volonté forte. Dans le premier cas, il y a oscillation et manque d'un centre de gravité ; dans le second, précision et direction claire.* **XI - 46**

Découverte de Nietzsche

A ce problème de la volonté se rattache, je l'ai dit déjà, celui de la *responsabilité*, un des plus difficiles, sans aucun doute, pour tous ceux qui ont à en décider : moralistes, juristes, psychiatres et psychologues. Certes, il semble facile de le régler par le consensus social ou l'application des règles du droit usuel, qui décident que telles actions sont bonnes et telles autres mauvaises. Mais on ne peut s'arrêter là. **Nietzsche** nous explique par quel cheminement logique de la pensée on en arrive à rendre un homme responsable de ce qu'il a fait, et, par là, il dénonce le caractère artificiel de ce prétendu raisonnement : *On commence par déclarer bonnes ou mauvaises des actions prises séparément, sans considérer leurs motifs, mais uniquement en raison de leurs conséquences utiles ou nuisibles. Mais on oublie bien vite le point de départ de ces désignations, et l'on imagine que la qualité de « bonnes » ou « mauvaises » est inhérente aux actions elles-mêmes, indépendamment de leurs conséquences... Ensuite on introduit la qualité bonne ou mauvaise dans les motifs eux-mêmes... Allant plus loin encore, on attribue le prédicat bon ou mauvais, non plus au motif isolé, mais à l'être même de l'individu tout entier, lequel produit le motif comme le sol produit la plante.*

Nietzsche montre que, de proche en proche, on en arrive à rendre l'homme responsable des conséquences de ses actes, puis de son action elle-même, puis de ses motifs, enfin de son être même. Mais cet être, comment pourrait-il être responsable de lui-même, puisque sa personnalité résulte d'un ensemble d'éléments et d'influences de choses passées et présentes. Et Nietzsche conclut : *Tant et si bien qu'on ne peut rendre l'homme responsable de rien, ni de son être, ni* *de ses motifs, ni de ses actes, ni des effets de ceux-ci. On en arrive au point où l'on reconnaît que l'histoire des sentiments moraux est l'histoire d'une erreur, l'erreur de la responsabilité, laquelle repose sur une erreur touchant la liberté de la volonté. Personne n'est responsable de ses actes; personne n'est responsable de son être; juger est synonyme d'être injuste; c'est vrai aussi lorsque l'individu se juge lui-même.* **Hum. 39**

Juger est synonyme d'être injuste! Le **Christ** l'avait dit bien avant **Nietzsche.** Et nous voici ramenés au problème de l'immoralisme nietzschéen déjà soulevé plus haut, le problème de la morale elle-même, de la signification de la morale en tant qu'observance des règles imposées par le code en usage, dont la psychologie des profondeurs dénonce le caractère superficiel, au nom des valeurs authentiques de la vie.

4. Les contrefaçons de la vertu

Voici ceux qui aiment les gestes et qui pensent : « la vertu est une sorte de geste ». Leurs genoux sont toujours en adoration et leurs mains glorifient la vertu. Mais leur cœur de cela ignore tout! (Zarath.)

Il a été souligné dans l'étude précédente que la morale traditionnelle repose d'ordinaire sur une séparation en grande partie artificielle entre le Bien et le Mal, sur une volonté délibérée de mettre en valeur le Bien et de refouler le Mal. Il en résulte, comme on l'a vu, qu'on rencontre fréquemment des personnalités inauthentiques, des hommes qui portent leur vertu comme un « masque », dissimulant sous ce masque toutes leurs tendances mauvaises.

On sait que ce thème a été souvent développé par les moralistes pour dénoncer l'hypocrisie régnante à leur époque, et la psychanalyse a dans le même sens démasqué les processus par lesquels on croit éliminer le Mal qu'on a en soi en le refoulant dans les profondeurs de l'inconscient. **Nietzsche** a été dans cette voie plus loin qu'aucun autre, et il a, dans un chapitre remarquable de son Zarathoustra, intitulé « Des Vertueux », dénoncé lui aussi ces vertus « plaquées », qui sont de véritables contrefaçons de la vertu authentique. J'ai donné en tête un exemple de ces vertus plaquées se manifestant par des gestes sans que la profondeur de l'être y participe. Il convient de tout citer ici de ces métaphores si expressives par lesquelles **Nietzsche** stigmatise les faux vertueux.

Il y a des gens dont la vertu est un sursaut sous les coups de fouet.
Il en est d'autres qui appellent vertus les moments de paresse de leurs vices ; et quand il arrive à leur haine et à leur jalousie d'allonger sur le sol leurs membres fatigués, leur « justice » se ragaillardit et frotte ses yeux pleins de sommeil.

D'autres sont attirés vers le bas ; c'est leur diable qui les tire. Mais plus ils s'enfoncent, et plus leurs yeux s'allument du désir de leur dieu : « ce que je ne suis pas, c'est pour moi dieu et vertu. »

Il en est d'autres qui vont et viennent, lourds et grinçants, pareils à des voitures charroyant des pierres dans un chemin descendant. Ils parlent beaucoup de dignité et de vertu ; c'est leur frein qu'ils appellent vertu.

Découverte de Nietzsche

D'autres tirent un sujet d'orgueil de ce qu'ils tiennent dans leurs mains une poignée de justice ; et, en son nom, ils voient partout des crimes, de sorte que le monde est submergé par leur injustice ; avec quel accent de méchanceté leur bouche profère le mot vertu !

D'autres encore sont accroupis dans la fange de leur marécage, et, des roseaux ils font sortir cette parole : « La vertu, c'est se tenir tranquille dans la fange ».

Voici encore ceux qui trouvent vertueux de dire : « La vertu est nécessaire » ; mais au fond, c'est seulement la police qu'ils croient nécessaire.

Plus d'un, incapable de voir les grandeurs d'un homme, appelle vertu le fait de voir de trop près ses petitesses ; ainsi, ce qu'il désigne du nom de vertu, c'est son mauvais œil !

Nietzsche, avec une pénétration psychologique remarquable, va jusqu'à dévoiler le masque. Ainsi dans le passage du Zarathoustra consacré à la « chasteté », il dit : *Vous ai-je conseillé la chasteté ? Chez quelques-uns : la chasteté est une vertu, mais chez un grand nombre elle est presque un vice. Ceux-ci sans doute sont continents, mais la chienne sensualité, pleine d'envie, montre son œil dans tout ce qu'ils font.*

Il a été très loin dans cette exploration profonde des consciences, et il nous révèle ce processus que la psychanalyse, après lui, appellera la *projection*, par lequel les pulsions mauvaises, refoulées dans l'inconscient, se cherchent une issue au-dehors et la trouvent en se « projetant » sur le monde extérieur : *En vertu de cette croyance à*

Découverte de Nietzsche

l'antinomie morale du Bien et du Mal, le monde, aux yeux du chrétien, déborde de choses haïssables et dignes d'être éternellement combattues. Le « juste » se voit comme entouré de mal et livré à l'assaut perpétuel du mal. Son regard devient plus pénétrant ; il découvre aussi du mal dans ses propres intentions et dans ses propres actions. Et logiquement, il finit par concevoir la Nature comme mauvaise et l'homme comme corrompu. **XV - 351**

On a vu précédemment que l'union du Bien et du Mal se fait par la *sublimation,* d'où peuvent résulter des personnalités authentiques et riches. Nous sommes ramenés ici à cette exigence de solidarité entre l'esprit et le corps, qui est une des thèses fondamentales de **Nietzsche** et, par là aussi, à cette communion intime avec la nature, souvent retrouvée dans l'œuvre de ce philosophe. Pour lui, la vraie vertu est une émanation joyeuse de l'être tout entier, dans une plénitude de vie qui trouve en elle-même son accomplissement, sans avoir besoin d'une récompense extérieure, comme souvent la revendiquent les faux vertueux : *Vous aimez votre vertu comme la mère aime son enfant. Or, a-t-on jamais entendu dire qu'une mère de son amour voulût être payée ? Votre vertu, c'est votre être profond, votre soi.*

Et ailleurs, dans le même sens : *Que votre vertu soit dans l'œuvre comme la mère est dans l'enfant ! tel doit être le mot-clé de votre vertu.* **Zarat**

5. Civilisation

Nous sommes en un temps où la civilisation est en danger de périr par les moyens de la civilisation.
Hum. 320

En psychologue des profondeurs, **Nietzsche** refuse de se payer de mots et d'accepter qu'on appelle « civilisation » cette fausse civilisation de la fin du siècle dernier, liée à l'expansion industrielle, et qui passait, bien à tort, auprès de beaucoup de gens, même cultivés, pour inaugurer une ère de progrès matériel et moral sans retour en arrière. Déjà, bien avant lui, le moraliste français **Rivarol** pressentait que *les peuples les plus civilisés sont aussi voisins de la barbarie que le fer le plus poli l'est de la rouille. Les peuples, comme les métaux, n'ont de brillant que leur surface.*

Nietzsche, en tant qu'il est un homme de vie intérieure, a bien perçu le danger de cette frénésie de vie extérieure et d'attachement aux valeurs matérielles qui ont envahi de son temps les peuples d'Occident ; il accuse les Américains d'avoir donné l'exemple : *Il y a de la barbarie dans la soif de l'or chez les Américains, et leur hâte incessante au travail — le vice proprement dit du Nouveau Monde — commence déjà à barbariser par contamination la vieille Europe. On a honte aujourd'hui de se reposer ; une méditation prolongée suscite presque* *des remords. On ne pense plus que montre en mains, de même qu'on déjeune les yeux fixés sur les bulletins de la Bourse. On est sans cesse comme quelqu'un « qui pourrait manquer quelque chose ». La devise est « faire n'importe quoi plutôt que ne rien faire »* **Gai Sav. 329**

Nietzsche va jusqu'à voir dans cette manière d'être la marque d'une impuissance profonde, ce qui lui fait dire : *Ne vous y trompez pas ! Les peuples les plus actifs sont actuellement les plus fatigués ; ils n'ont plus la force d'être paresseux.* **XV - 49**

Allant plus loin, il dénonce les causes de cette tendance ; il y voit à l'œuvre le refoulement des puissances instinctives, dérivées en un désir effréné de puissance, qui nous apparaît sous les dehors socialement acceptables de la volonté de parvenir à la fortune par le travail assidu. Mais il prévoit en même temps que ces pulsions refoulées pourraient un jour, en vertu de ce processus même qui les avait écartées, resurgir et tout mettre par terre : *La civilisation n'est qu'une mince pellicule au-dessus d'un chaos brûlant.* **XII - 2 - 596.** Et, dans une intuition prophétique, il déclare, en contradiction avec l'optimisme général de l'époque : *Le vingtième siècle sera un siècle de barbarie ; la science sera à son service, et l'on y vivra dans un danger perpétuel !,* prophétie à laquelle les événements ultérieurs ont tragiquement donné raison.

Sur un autre plan, il met en accusation le refus des vraies valeurs de la vie, notamment la croyance abusive en la primauté exclusive de l'intelligence rationnelle, ainsi que le mépris du corps et des puissances inconscientes. Il dénonce le caractère anti-naturel du refoulement de la vie instinctive, qui engendre une morale hypocrite. Il condamne de même ce que beaucoup considèrent comme la forme supérieure de notre culture : le savoir livresque. Il sonne le tocsin : *Danger effroyable ! que la politique d'affaires américaine et la civilisation inconsistante des intellectuels en viennent à s'unir !* **X - 25**

Il réclame qu'on rende leur valeur à la plénitude de vie et aux puissances instinctives : *Notre époque n'a pas à se croire supérieure aux autres à cause de son appétit de savoir. Chez les Hellènes, tout se transformait en vie ; chez nous, tout reste à l'état de connaissance.* **X - 47**

Pour ce qui est de la vie instinctive : *La vraie culture est l'antithèse absolue de la domestication de l'homme. Le but qu'elle assigne, c'est la sublimation des instincts.* **XVI - 684**

Ce qu'il développe en ces termes : *Toutes les passions ont un temps où elles ne sont que néfastes, où elles avilissent leurs victimes avec la lourdeur de la stupidité, et une époque tardive, beaucoup plus tardive, où elles se marient à l'esprit, où elles se « spiritualisent ». Autrefois, à cause de la stupidité de la passion, on faisait la guerre à la passion elle-même ; on se conjurait pour l'anéantir. Tous les jugements moraux sont d'accord sur ce point : il faut tuer les passions. L'Église combat les passions par l'extirpation radicale ; sa pratique, son traitement, c'est la castration. Elle ne demande jamais : « Comment spiritualise-t-on, embellit-on et divinise-t-on un désir ? » De tous temps, elle a mis le poids de la discipline sur l'extermination (de la sensualité, de l'orgueil, du désir de puissance, du désir de posséder, de se venger). Mais attaquer la passion à sa racine, c'est attaquer la vie à sa source ; la pratique de l'Église est nuisible à la vie.* **Crépusc**

Nietzsche énonce comme thèse que : *Le Bien est toujours un Mal ancien sublimé. Norme : plus grandes et plus terribles sont les passions qu'une époque, un peuple, un individu peuvent se* *permettre parce qu'ils savent en user comme de moyens, plus la civilisation est élevée.* **XVI - 1025**

Appliquant ses vues à l'art, il souligne, contre l'opinion de **Schopenhauer ;** que *la sensualité ne disparaît pas quand survient la condition esthétique, mais elle ne fait que se transfigurer, et ne peut plus alors pénétrer dans la conscience sous forme d'excitation sexuelle.* **Généal. - 3 - 8**

Ajoutant : *Les hommes d'une haute spiritualité ressentent le charme et l'attrait des choses sensuelles à un point que les autres hommes ne peuvent ni ne doivent se représenter... La force et la puissance des sens, c'est l'essentiel chez un homme vigoureux et complet ; il faut que soit donné d'abord le « superbe animal ». Qu'importe autrement toute espèce d'humanisation.* **XVI - 1045**

En conclusion, si l'avenir culturel de l'humanité repose sur la spiritualisation des instincts dans leur plénitude de vie, n'est-il pas vrai que, selon la sentence donnée au début, la civilisation matérielle (mais ces deux mots ne jurent-ils pas d'être accouplés) met en danger par ses soi-disants progrès la véritable civilisation ?

Chapitre VII

LES CRÉATEURS

Nietzsche, avec ses thèmes essentiels du primat de la vie, de la volonté de puissance et du surhomme, voit l'avenir de l'humanité dans le développement de l'élite, des individualités puissantes qui sont capables de se dépasser et de faire œuvre créatrice : De l'Élite - I -

Cette élite, comme on l'a vu, n'est pas au premier chef une élite intellectuelle, contrairement à ce qu'on pense communément. Pour *Nietzsche,* le grand homme se caractérise surtout par la grande vigueur de ses passions, mais à la condition que celles-ci soient tenues en laisse par une sévère discipline : Vie passionnelle des créateurs - II -

Mais ce qui caractérise aussi les passions des grands hommes, c'est qu'elles se heurtent très souvent en des antagonismes, qui font de leur personnalité le théâtre d'une lutte constante, facteur de troubles, mais aussi de dynamisme : Les antagonismes - III -

Force tumultueuse des passions et violents antagonismes; pour réaliser une création, il faut non seulement que cela soit maîtrisé, mais qu'une synthèse s'opère qui maintienne un équilibre : L'homme synthétique - IV -

Pour réaliser en lui-même cet équilibre, il faut que l'homme ne disperse pas sa force en se donnant sans réserve aux autres, mais la concentre vers le but qu'il a choisi : L'égoïsme des créateurs - V -

Et, pour ce faire, il doit se soustraire à la foule et vivre solitaire : Solitude et Création - VI -

Lorsque toutes ces conditions sont réalisées, l'œuvre peut naître. Mais elle n'est pas le résultat d'un effort conscient de volonté et d'intelligence. **Nietzsche** souligne ici une fois de plus la grande valeur des puissances inconscientes, qui opèrent en secret au plus profond de nous. Il compare la création faite par l'homme à la maturation des fruits, au premier rang le fruit que la femme fait mûrir dans son sein : La procréation de l'œuvre - VII -

Par là, l'homme revient à la Nature, aux relations mystérieuses qu'il entretient avec celle-ci : La relation cosmique - VIII -

Bien loin de considérer, comme les philosophes le font d'ordinaire, le progrès de l'homme et ses facultés créatrices comme le résultat d'une marche en avant vers plus de conscience et plus d'intelligence, **Nietzsche** voit ce progrès dans un retour en arrière, vers la spontanéité première de l'enfance : L'enfance retrouvée - IX -

Telles sont les conditions qui doivent présider à l'éducation de l'élite : L'éducation de l'élite - X -

A l'opposé, **Nietzsche** souligne les méfaits d'une pseudo-culture, qui est le fait des hommes sans pouvoir créateur. Il dénonce les vulgarisateurs de toutes espèces, qui vivent aux dépens des inventeurs : Les vulgarisateurs - XI -

De même qu'il avait comparé les créations de l'homme à la maturation des fruits, qui se fait au rythme patient des saisons, il dénonce a contrario les méfaits de la hâte, comme une des tares majeures de la fausse intellectualité qui règne aujourd'hui : Les méfaits de la hâte, avorteuse d'œuvres - XII -

Cette fausse intellectualité, elle se propage par les livres médiocres, qui sont aujourd'hui légion. Ici encore **Nietzsche** s'élève contre le livre qu'on fabrique comme un produit de consommation (« la plume qui crie après le livre ») ; il faut, dit-il, que ce soit le livre qui crie après la plume. La vulgarisation de la lecture et des écrits - XII -

1. De l'Élite

Le droit égal pour tous, c'est la pire des injustices, car les grands hommes se trouvent lésés. **XII - II - 196**

La thèse essentielle de **Nietzsche,** exprimée dans les notions de volonté de puissance et de surhomme, nous révèle d'emblée sa position en faveur des hommes de l'élite, des hommes qui « aspirent à se dépasser », et par là même, cette thèse lui fait refuser toute doctrine de nivellement égalitaire.

On parle souvent des grands hommes comme étant des individualités d'exception ; mais il faut dire que le seul fait de s'individualiser constitue déjà une exception, puisque être un individu, c'est se vouloir différent de la collectivité humaine dont on fait partie.

Il est, dit-on, conforme à la justice que les hommes de la collectivité — ***Nietzsche*** les appelle les hommes du troupeau — jouissent des mêmes droits que les individus d'exception. Mais, comme le déclare la sentence citée en tête, c'est une injustice à l'égard de ces derniers. On raisonne à tort comme si ces droits, on les avait dès la naissance, alors qu'il faut les acquérir : *Nous ne croyons plus à un droit qui ne reposerait pas sur la force de se faire respecter ; nous ressentons tous les droits comme des conquêtes.* **XV - 120**

Car on ne peut séparer droits et devoirs : *Les droits que s'attribue un homme sont en relation avec les devoirs qu'il s'impose, avec les tâches qu'il se croit capable d'assumer.* **XVI - 872**

Il ne faut pas être dupe du langage : souvent, on stigmatise chez les hommes d'exception ce qu'on appelle leur égoïsme et leur orgueil, méconnaissant par là que ces mots ont un sens différent selon qu'ils qualifient une personnalité riche, créatrice, ou une personnalité pauvre, improductive : *Méconnaissance de l'égoïsme de la part des natures vulgaires, qui ignorent tout de la soif de conquête et de l'insatiabilité du grand amour, qui ignorent aussi ces sentiments de puissance jaillissante qui subjuguent, conquièrent de force, serrent leur conquête sur leur cœur... la passion de l'artiste pour sa matière.*

De même, l'orgueil des natures puissantes s'oppose à la vanité des hommes du commun comme la force s'oppose à la faiblesse : *On parle si sottement de l'orgueil, et le christianisme a même réussi à nous le faire sentir comme coupable. La vérité, c'est que celui qui exige et obtient de lui-même de grandes choses ne peut que se sentir loin de ceux qui n'en font pas autant. Cette impression de distance, c'est ce que les autres appellent « avoir une haute idée de soi ». Mais celui qui éprouve ce sentiment le ressent comme un effort continu, un combat, une victoire de jour et de nuit, et c'est cela que les autres ignorent.* **XVI - I - 219**

On peut aussi, comme je l'ai montré déjà, décrire avec les mêmes mots des situations psychologiques très différentes, voire opposées ; tout dépend de la valeur de l'homme dont il s'agit. Nietzsche déclare : *La grande confusion faite par les psychologues a consisté à ne pas distinguer deux sortes de plaisir : celui de s'endormir et celui de triompher. Les épuisés souhaitent le repos, la détente de tous leurs muscles, la paix, le silence... c'est ce que les religions et les philosophies nihilistes appellent le bonheur. Les êtres riches, les êtres de vitalité ascendante veulent la victoire, l'ennemi vaincu, la diffusion de la sensation de puissance dans un domaine plus vaste qu'auparavant.* **XVI - 703**

De la même façon, **Nietzsche** fait une distinction essentielle entre les prétendues élites, celles qui occupent une position privilégiée en quelque sorte par droit de naissance, et les véritables élites, qui conquièrent d'elles-mêmes cette position par un dépassement de soi qui implique un effort continu. Bien qu'il n'ait jamais été un homme de parti (de parti politique, il s'entend) **Nietzsche** stigmatise les régimes politiques qui valorisent les médiocres aux dépens de l'élite ; Il dénonce *la prétention démocratique d'instaurer des « droits égaux pour tous » qui, si elle était satisfaite, aboutirait à un nivellement par le bas et à un risque de stagnation totale.* **XII - 2 - 196.** *Ce nivellement, il le décèle* *notamment dans la culture, car, dit-il : Terrible conséquence de « l'égalité » : en fin de compte, chacun se croit le droit de toucher à tous les problèmes ; tout sens du rang a disparu.* **XVI - 860**

Il dit de même : *Aujourd'hui où, en Europe, l'animal grégaire est le seul à recevoir les honneurs et le seul aussi à les dispenser, où « l'égalité des droits » pourrait très bien se transformer en une guerre générale contre tout ce qui est rare, insolite, privilégié, en haine de l'homme supérieur, de l'âme supérieure, du devoir supérieur, de la souveraineté créatrice* **P.D.B. 211**

Et lorsque les médiocres, de par leur grand nombre, se réclament du droit de la majorité, du droit que celle-ci prétend avoir d'imposer ses vues à la minorité, **Nietzsche** répond : *Le principe que le bien de la majorité est supérieur au bien de l'individu suffit à ramener l'humanité jusqu'au plus bas degré de l'animalité, car c'est le principe contraire — les individus plus précieux que la masse — qui l'avait élevée.* **Aur. 87**

Cette domination de la majorité dans les régimoes démocratiques, **Nietzsche** lui reproche aussi qu'il en résulte une répugnance collective envers l'élite, envers les privilégiés de toutes sortes, si bien qu'en fait, les privilégiés eux-mêmes se soumettent bientôt. Celui qui tient à conserver sa puissance flatte le peuple, travaille avec le peuple, requiert nécessairement l'appui du peuple — *les « génies », tous les premiers, deviennent les « hérauts » des sentiments qui servent à enthousiasmer les masses.* **XVI - 804**

L'instinct grégaire est si fort qu'il en vient souvent à éclipser l'art de commander, et **Nietzsche** le voit comme un facteur de décadence chez beaucoup d'hommes qui sont au pouvoir ; il écrit : *Cet état de choses est réalisé aujourd'hui en Europe : c'est ce que j'appelle l'hypocrisie des* *hommes au pouvoir. Pour se mettre à l'abri de leur mauvaise conscience, ils n'ont rien trouvé d'autre que de se poser en exécuteurs de prescriptions plus anciennes ou plus élevées (celles des ancêtres, de la Constitution, du droit, des lois, voire de Dieu), ou encore d'emprunter des maximes grégaires aux façons de penser des masses en se voulant par exemple « les premiers serviteurs du peuple » ou bien « les instruments du bien public ».* **P.D.B. 199**

Il dénonce ici l'hypocrisie qui consiste à déclarer légitimes les revendications des masses lorsqu'elles prétendent pratiquer la fraternité et l'égalité de tous, en conformité apparente avec la justice. Car, dit **Nietzsche,** en réalité, la majorité populaire poursuit les mêmes desseins de puissance que la minorité d'élite, dans le même esprit, en dépit de ce qu'elle n'en a pas les moyens. Ainsi, l'on prétend que la doctrine nietzschéenne a légitimé ce qu'on appelle « le droit du plus fort ». Mais, dit **Nietzsche,** *Il ne s'agit pas du tout d'un droit du plus fort. Les faibles et les forts se comportent d'une manière toute pareille : ils étendent leur puissance aussi loin qu'ils le peuvent.* **XVI - 437**

Il l'explicite en ces termes : *Les opprimés, les humbles, la foule immense des esclaves et des demi-esclaves veulent accéder à la puissance. Au premier degré, on se fait rendre « justice » par ceux qui détiennent la puissance. Au second degré, on parle de « liberté », c'est-à-dire qu'on cherche à s'affranchir de ceux qui ont la puissance. Au troisième degré, on parle de « droits égaux », c'est-à-dire qu'on veut empêcher ses concurrents de grandir en puissance. Au quatrième degré, on veut avoir à soi seul la « puissance ».* **XV - 86**

Il rejoint là cette parole quelque peu pessimiste d'un moraliste : « Il n'est de pire maîtres que les valets devenus maîtres ».

Découverte de Nietzsche

Où la camouflage apparaît nettement, c'est quand **Nietzsche** découvre chez les faibles la même volonté de puissance que chez les forts, comme on l'a vu déjà un peu plus haut : *La morale (chez les gens simples), a enseigné à haïr et à mépriser ce qui constitue le trait de caractère fondamental des dominateurs, leur volonté de puissance. Comme celle-ci est inhérente à la vie, on pourrait faire la preuve que cette haine et ce mépris ne sont que les manifestations d'une volonté de puissance simplement camouflée. L'opprimé se rendrait compte alors qu'il se trouve sur le même terrain que l'oppresseur, et qu'il ne possède aucun privilège sur celui-ci, qu'il n'est moralement pas d'un rang supérieur.* **XV - 55**

Et d'ailleurs, ajoute **Nietzsche** : *Il y aura toujours trop de possédants pour que le socialisme puisse signifier plus qu'une crise morbide. Ces possédants croient de toute leur âme à cette unique vérité que si l'on ne possède rien, on n'est rien. Mais c'est là le plus ancien des instincts et le plus salutaire. J'ajoute qu'il faut vouloir avoir plus que l'on a afin de devenir plus que l'on est. C'est la doctrine que la vie elle-même prêche au vivant, la doctrine de l'évolution. Avoir, vouloir avoir plus, croître, en un mot, c'est la vie même.* **XV - 125**

Après cet exposé, qu'on ne tombe pas dans l'erreur de penser que **Nietzsche** voit l'élite des hommes dans les puissants, les dominateurs. Il faut ici distinguer entre l'*accumulation* de la puissance, de l'argent, des capacités, et leur *assimilation*, par laquelle les acquisitions s'intègrent à la personnalité et la font réellement grandir en force et en sagesse, tandis que dans la simple accumulation, la personnalité profonde n'est en rien modifiée. **Nietzsche,** après avoir déclaré *qu'il a trouvé la puissance là où on ne la cherche pas, chez des hommes simples, doux et obligeants, des sages*

Découverte de Nietzsche

— ajoute : *Et inversement, le goût de dominer m'est souvent apparu comme un signe de faiblesse profonde : ils craignent leur âme d'esclave et ils la drapent d'un manteau royal. Ils finissent par devenir esclaves de leurs partisans, de leur réputation... C'est la puissance qu'ils veulent, ces impuissants, et, pour commencer, le levier de la puissance, beaucoup d'argent.* **Zarath.**

2. La vie passionnelle des créateurs

L'homme supérieur serait celui qui aurait la plus grande multiplicité d'instincts, aussi puissants qu'on peut les tolérer. En effet, là où la plante humaine se montre la plus vigoureuse, on trouve des instincts puissants en lutte les uns avec les autres, mais dominés. **XVI - 966**

Instincts et passions, pour **Nietzsche**, sont très proches les uns des autres. Dans ce texte, nous trouvons les deux éléments essentiels de la doctrine du philosophe sur les passions : la *puissance* et la *maîtrise*. Pour **Nietzsche**, comme on l'a vu déjà, ce n'est pas seulement l'envergure de l'intelligence qui fait la valeur d'un homme, mais aussi la force de l'affectivité, cette force qui, comme je vais le montrer, est faite à la fois de *liberté* et de *discipline*.

La liberté d'abord, la libération des forces vitales surabondantes. **Nietzsche** déclare : *Il faut concevoir l'homme* *supérieur à l'image de la Nature. Comme la Nature, le génie est nécessairement gaspilleur, en actions et en œuvres. Qu'il se gaspille, c'est en cela qu'il est grand. L'instinct de conservation est en quelque sorte suspendu. La pression suprême des forces rayonnantes interdit au génie toute espèce de précaution et de prudence. Il déborde, il se répand, il se dépense sans retenue, il ne se ménage pas.* **Crépusc. - 44**

Mais encore faut-il qu'il y ait quelque chose à libérer. Pour **Nietzsche,** ce qui est en question ici, ce n'est pas cette liberté si souvent revendiquée sur la place publique par des orateurs en mal de publicité, qui proclament qu'elle est un droit, le même droit pour tous. Non! la liberté est une conquête; elle doit se mériter; et seuls la méritent ceux qui sont capables de tirer de l'affranchissement des contraintes une œuvre de quelque valeur : *Libre pour quoi?* demande Zarathoustra à celui qui veut devenir son disciple. *Tu veux, dis-tu, suivre le chemin qui conduit à toi-même; montre-moi donc que tu en as le droit et la force. Es-tu une force nouvelle et un nouveau droit? un premier mouvement? une roue qui roule d'elle-même? Tu te dis libre! Je veux savoir ta pensée maîtresse, et non pas que tu t'es échappé d'un joug. Es-tu de ceux qui avaient le droit de s'échapper d'un joug? Il en est plus d'un qui ont perdu leur dernière valeur en rejetant leur servitude. Libre de quoi? Qu'importe à Zarathoustra! Bien plutôt ton regard doit-il m'indiquer clairement : libre pour quoi!*

Libre pour quel dessein, pour quel but? **Nietzsche** l'exprime dans une brève sentence qui fait image : *A quoi sert de libérer l'esprit si celui-ci n'a pas d'ailes pour prendre son vol?*

Ici se pose un problème moral. On a vu plus haut que

Découverte de Nietzsche

Nietzsche a souvent été accusé d'immoralité, précisément parce qu'il privilégiait les grandes passions et la liberté pour celles-ci de s'accomplir. Mais il répond à ses détracteurs en faisant la généalogie du libre arbitre : *Autrefois, le libre arbitre avait la mauvaise conscience pour proche voisine : moins on agissait librement, plus s'exprimait dans l'action, non pas le sentiment personnel, mais l'instinct grégaire, plus on avait l'impression d'être normal.* **G.S. 117**

A cet argument s'ajoute celui de la nécessaire maîtrise de cette liberté par l'individu lui-même. **Nietzsche** n'ignore pas que la surabondance des pulsions vitales peut mettre en danger la vie même. Il déclare : *Mon étalon de mesure : jusqu'à quel point un homme ou un peuple peut-il déchaîner en soi les instincts les plus terribles sans en périr, mais en en faisant au contraire un instrument de salut, qui le porte à la fécondité de l'action et de l'œuvre.* **XIII - 272.** Et aussi : *Plus grande est la maîtrise de la volonté, plus on peut accorder de liberté aux passions.* **XVI - 933**

Nombre d'hommes aujourd'hui revendiquent une liberté sans frein ; **Nietzsche** fait la remarque que ce sont des hommes faibles, à qui manquent tout à la fois la puissance des passions et la discipline de soi. Il ajoute : *Ce qui manque somme toute à notre humanité d'aujourd'hui, c'est le dressage et la discipline sévère. Le danger n'est pas grand parce que cette espèce d'hommes est plus débile que la précédente, et que d'autre part, les agents disciplinaires inconscients (tels que l'assiduité au travail, l'ambition de parvenir, la respectabilité bourgeoise) ont une action fortement répressive et la tiennent en bride.* **P.D.B. 339**

Mais il n'en va pas de même pour les hommes de forte

personnalité. Chez ceux-ci, comme on l'a vu, les moralistes veulent réduire, voire supprimer les instincts trop exubérants, ce qui, s'ils parvenaient à leurs fins, risquerait de tarir la puissance créatrice. Ce qu'il faut au contraire, dit **Nietzsche,** c'est comprendre que : *Les grandes sources de force, ces torrents de l'âme souvent dangereux et jaillissant avec impétuosité, au lieu d'utiliser leur puissance pour la domestiquer et en faire une juste économie, l'esprit moral, cet esprit étroit et néfaste, veut les tarir.* **XVI - 287**

Il y insiste longuement dans le passage suivant, qu'on peut considérer comme exprimant une moralité supérieure : *Que de peines se sont données dans chaque peuple les poètes et les orateurs — sans oublier quelques prosateurs d'aujourd'hui qui logent dans leur oreille une conscience implacable —* « *pour l'amour d'une folie* » *comme disent les benêts utilitaristes qui se croient malins ;* « *par soumission servile à des lois arbitraires* » *comme s'expriment les anarchistes. Cependant l'étonnante réalité, c'est que tout ce qui existe et a existé sur la terre en fait de liberté, de délicatesse, de hardiesse, de danse, d'assurance magistrale, que ce soit dans la pensée, dans le gouvernement ou dans l'art de parler et de convaincre, ne s'est jamais développé, aussi bien dans l'ordre artistique que dans l'ordre moral, que grâce à la tyrannie de ces* « *lois arbitraires* »*. Selon toute apparence, c'est là que se trouvent la nature et le naturel, et non dans le laisser-aller.* Et il ajoute : *Tout artiste sait combien son état le plus naturel est loin du laisser-aller quand, en pleine liberté, dans les moments d'inspiration, il ordonne, agence, dispose, donne forme à sa matière, et avec quelle exactitude, de quelle manière subtile il obéit à de multiples lois dont la rigueur et la précision défient toute formulation conceptuelle.* Pour enfin conclure : *Encore une fois, ce qui importe avant tout* « *sur la terre* *comme au ciel »* c'est d'obéir longtemps et dans une même direction. **P.D.B. 188**

Bien entendu, cette ascèse que **Nietzsche** réclame de l'homme de valeur, doit avoir un but : *Le triomphe sur soi-même et toutes les vertus n'ont aucun sens s'ils ne sont un moyen de développer la force dominante.* **XIV - II - 58**

Ascétisme des créateurs

***Un certain ascétisme, un renoncement de plein gré, dur et serein, fait partie des conditions favorables pour une spiritualité supérieure.* XVI - 916**

Dans l'étude que je viens de faire de la vie passionnelle des créateurs, l'on a vu l'exigence impérieuse de la discipline des passions. **Nietzsche** est allé plus loin encore dans cette voie en montrant la nécessité pour un créateur de pratiquer l'ascétisme, c'est-à-dire de réduire les manifestations de ses passions afin d'en réserver — sinon toute la force, du moins une bonne partie de celle-ci — pour l'œuvre qu'il ambitionne de réaliser. Ce faisant, il rejoint les préceptes essentiels de la vie monacale, tout en se défendant de voir une manifestation religieuse dans l'application de ces principes à la vie du grand homme. Il déclare : *On connaît les trois mots de parade de l'idéal ascétique : pauvreté, humilité, chasteté. Et maintenant, qu'on examine de près* *la vie de tous les grands esprits féconds et inventifs ; on retrouvera toujours à un certain degré ces trois mots, absolument pas, bien entendu, comme s'il s'agissait de leurs « vertus », mais comme condition propre et naturelle à l'épanouissement de leur existence, à leur plus grande fécondité. Avec cela, il est fort possible que leur spiritualité dominante ait dû d'abord mettre un frein à l'orgueil effréné et irritable, à la sensualité pétulante qu'ils possédaient de nature, ou bien encore qu'ils aient eu une peine infinie à maintenir leur volonté du « désert » contre un penchant pour ce qui est délicat et rare ; ainsi que contre une libéralité magnifique qui prodigue les dons du cœur et de la main. Mais leur spiritualité a agi précisément parce qu'elle était l'instinct dominant qui impose sa loi aux autres instincts, et elle agit encore ainsi, autrement elle ne dominerait pas. Il n'est donc pas ici question de « vertus ».* **Généal. III - 13**

3. Les antagonismes

Il faut être riche en antagonismes : ce n'est qu'à ce prix qu'on est fécond. **Crépusc. 3**

L'on a souvent, en psychologie, prôné l'harmonie de la personnalité comme représentant une valeur supérieure, et en revanche, on considérait les antagonismes de tendances comme un facteur de déséquilibre. Mais déjà, dans l'Antiquité, le philosophe grec **Héraclite** disait : *la Nature aime passionnément les contraires, et c'est par leur moyen qu'elle crée l'harmonie.*

Nietzsche, comme tous les passionnés (il faut souligner ce point) avait en lui de forts antagonismes, et sa thèse est que ces antagonismes sont nécessaires. Selon lui, l'exigence systématique d'équilibre et d'harmonie dans l'uniformité est l'indice d'une grande médiocrité d'esprit : *Qu'est-ce qui est médiocre chez l'homme du commun ? C'est qu'il ne comprend pas que l'envers des choses est nécessaire. Il combat les maux comme si l'on pouvait se passer d'eux. Il refuse d'accepter à la fois l'un et l'autre aspect des choses. Il voudrait effacer et supprimer le trait caractéristique d'une chose, d'une époque, d'une personne, en n'acceptant qu'une partie de leurs qualités et en tentant de supprimer les autres. Notre point de vue est tout à l'opposé : nous pensons que la croissance de l'humanité en développe aussi les aspects fâcheux, et que l'homme le plus grand de tous, si c'est là un concept permis, serait celui qui représenterait en lui-même le plus vigoureusement le caractère contradictoire de l'existence.* **XVI - 881**

Il y insiste à plusieurs reprises : *Il n'existe sans doute aujourd'hui pas de signe plus décisif d'une « nature supérieure », d'une nature de grande valeur spirituelle, que le fait d'être ainsi déchiré, d'être un véritable champ de bataille pour ces opposés que sont « bon » et « méchant ».* **Généalogie - I - 16**

Il le développe et en donne la raison, tirée du dynamisme de la vie, dans le texte suivant : *Un puissant antagonisme est nécessaire au développement de quelque chose de bien et de fort — dans la vie conjugale, dans l'amitié, dans l'État, les confédérations, les sociétés savantes, la religion, dans toutes collectivités. L'opposition, l'antagonisme est la forme de la force, aussi bien dans la paix que dans la guerre. Par conséquent, il importe que les forces en présence soient inégales ; sinon, elles se compensent et engendrent l'immobilité de l'équilibre.* **XII - I - 231**

Il nous explique par là même ce fait si souvent constaté chez les grands hommes, et qui surprend leurs biographes, qu'ils ont souvent, en contrepartie de leur valeur, de graves défauts : *L'essentiel, c'est que les grands hommes ont sans doute de grandes vertus, mais ils en ont toujours en même temps l'antidote. Je pense que c'est justement de la présence de ces contradictions que naît le grand homme, l'arc le plus tendu qui soit.*
XVI - 967
Nietzsche va jusqu'à dire : *Les actes et les caractères les plus vantés contiennent le meurtre, le vol, la cruauté, la dissimulation comme éléments intégrants de leur force. Les actes et les caractères les plus décriés contiennent de l'amour et de la bienveillance. L'amour et la cruauté ne sont pas des contraires ; on les trouve toujours côte à côte dans les natures les plus solides et les meilleures.*

Ne faut-il pas rapprocher de ce texte la déclaration de **Goethe :** « *Il n'y a pas de crime dont je ne me sois un jour senti capable.* »

Mais le problème qui se pose alors est de savoir si la personnalité qui présente ces contradictions ne risque pas d'en être déchirée, c'est-à-dire en définitive, si elle pourra dans cette situation réaliser l'unité nécessaire à la création d'une œuvre : *A supposer qu'un homme vive autant dans l'amour de l'art plastique ou de la musique qu'il est entraîné par l'esprit de la science ; à supposer qu'il considère comme impossible de faire disparaître cette contradiction par la suppression de l'un et l'affranchissement total de l'autre. Il ne lui restera qu'à faire de lui-même un édifice de culture si vaste qu'il soit possible à ces deux puissances d'y cohabiter, quoique à des extrémités éloignées.* **Hum.**

Nietzsche en donne un autre exemple, d'un très grand intérêt, dans le conflit qui oppose l'instinct de connaissance à l'instinct vital : *Ce qui me surprend dans la biographie des penseurs, c'est que deux instincts antagonistes ont été forcés en quelque sorte de marcher sous le même joug. L'instinct de connaissance est sans cesse contraint d'abandonner le sol sur lequel l'homme vit et de se risquer dans l'inconnu — et l'instinct vital est sans cesse contraint de chercher en tâtonnant un lieu tant soit peu sûr où s'établir tant bien que mal... Cette lutte entre la vie et la connaissance s'exaspère d'autant plus, cet accouplement sous un même joug devient d'autant plus étrange que les deux instincts sont plus forts, que la vie est plus pleine et plus florissante, et en même temps que la connaissance est plus insatiable et plus avide d'aventures.* **X - 233**

Nietzsche, parlant de lui-même, écrit : *Pour accomplir cette tâche (de création), il fallait sans doute plus de capacités qu'il y en eût jamais réunies chez un seul individu. Il fallait aussi avant toute autre chose des contradictions entre ces différentes capacités, sans que celles-ci fussent à même de se gêner les unes les autres ou de se détruire mutuellement.* **Ecce Homo**

4. L'homme synthétique

A l'attitude convenable, tout se rassemble et se confond : les pensées du philosophe, les œuvres de l'artiste et les grandes actions. **X - 16**

Ce que **Nietzsche** condamne, et que condamnent avec lui tous les grands esprits, tous ceux qui ont fait œuvre créatrice, c'est la spécialisation et, ce qui est lié à celle-ci,

Découverte de Nietzsche

la fragmentation de la personnalité en aptitudes distinctes, comme on le fait dans les manuels de psychologie lorsqu'on sépare l'intelligence, la vie affective, la volonté ; ou lorsqu'on oppose les différents domaines de la connaissance : la science, l'art, la philosophie ; ou bien encore lorsqu'on met en antagonisme classicisme et romantisme en lettres ou en art.

C'est en particulier au nom de cette fragmentation artificielle que, isolant l'instinct sexuel du reste de la vitalité, on s'est indigné que **Nietzsche**, et à sa suite **Freud**, aient fait jouer un rôle essentiel à cet instinct dans diverses activités humaines ; par exemple quand **Nietzsche** déclare que *La nature et la force de la sexualité pénètrent jusqu'aux plus hautes cimes de l'esprit.*

C'est qu'on oubliait que l'être humain est une totalité indivisible, et que l'instinct sexuel n'est qu'une émanation de la force vitale qui anime toutes nos fonctions. Sur ce point, les psychanalystes sont d'accord et vont jusqu'à dire, avec **Lou Salomé Andréas,** disciple de **Nietzsche** et de **Freud :** *L'amour sexuel, la création artistique et la ferveur religieuse ne sont que trois manifestations différentes de la même force de vie.*

Selon **Nietzsche,** le véritable philosophe ne peut se borner à étudier et enseigner la philosophie comme une spécialité à part ; il doit s'ouvrir plus largement au monde : *Le philosophe est observateur comme l'artiste plastique, vibrant aux émotions d'autrui comme l'homme religieux, logique comme l'homme de science. Il tente de faire résonner en lui-même tous les accents de l'univers et de traduire cet accord global en conceptions.* **X - 58.**

Découverte de Nietzsche

L'homme synthétique est celui qui est en mesure de réaliser son unité en dépit de ses antagonismes intérieurs, qui tendent à le déchirer, comme on l'a vu. Et lorsqu'il peut ainsi intégrer dans une même vocation toutes les puissances qui sont en lui, il accède à une culture supérieure. **Nietzsche** déclare à ce propos, comme on l'a vu déjà : *C'est dans sa propre personne que l'homme fait les meilleures découvertes sur la culture, quand il trouve agissantes en lui-même deux puissances hétérogènes. A supposer que l'homme vive autant dans l'amour de l'art plastique ou de la musique qu'il est entraîné par l'esprit de la science ; à supposer qu'il considère comme impossible de faire disparaître cette contradiction par la suppression de l'un et l'affranchissement total de l'autre, il ne lui restera qu'à faire de lui-même un édifice de culture si vaste qu'il soit possible à ces deux puissances d'y cohabiter, quoique à des extrémités éloignées.* **Hum. 61**

Davantage, **Nietzsche** estime qu'une telle unité de la personne doit pouvoir comprendre aussi éventuellement des tendances morbides, que c'est là le signe d'une valeur supérieure. Il écrit : *Ce n'est qu'une question de force : posséder tous les traits morbides du siècle, mais les compenser à l'intérieur d'une force exubérante de construction et de restauration : l'homme fort.* **XVI - 1014**

Et dans le même sens : *Celui-là déclare : le monde est tout entier pensée, volonté, combat, amour, haine. Mes frères, je vous le dis : chacune de ces choses prise séparément est fausse ; toutes prises ensemble sont vraies.* **Zarath.** Et il ajoute : *Seul, celui qui a fixé ses regards sur l'ensemble du tableau de la vie et de l'être pourra se servir des sciences spéciales sans en éprouver de dommage, car, sans* *vues générales, sans règles générales, les sciences spéciales ne sont que des traquenards.* **Hum. 33**

C'est là le vrai problème pour l'homme qui veut créer : *Il nous manque aujourd'hui le grand homme synthétique, chez lequel les forces dissemblables sont assujetties sous un même joug, afin de viser un but unique. Ce que nous avons, c'est l'homme multiple, le chaos le plus intéressant qu'il y ait peut-être jamais eu, mais ce n'est pas le chaos qui précède la création du monde, c'est le chaos qui la suit, c'est-à-dire l'homme multiple et faible.* **XVI - 809.** Par cette allusion au chaos, **Nietzsche** veut sans doute évoquer l'enfance, qu'il compare volontiers à une nébuleuse, capable d'enfanter une étoile, c'est-à-dire une unité. Mais il advient que cette unité ne se réalise pas, et que l'anarchie des tendances s'installe : c'est alors le chaos qui suit la création, celui que **Nietzsche** vise ici.

Cet homme synthétique, **Nietzsche** en trouve le modèle dans le grand poète allemand **Goethe :** *Ce que **Goethe** voulait, c'était la totalité ; il combattait la séparation de la raison et de la sensualité, du sentiment et de la volonté ; il se disciplina pour atteindre à l'être intégral ; il se construisit lui-même...* **Goethe** *concevait un homme fort, hautement cultivé, habile à toutes les choses de la vie physique, se tenant lui-même bien en main ; ayant le respect de sa propre individualité, pouvant se risquer à jouir pleinement du naturel dans toute sa richesse et toute son étendue, assez fort pour la liberté ; homme tolérant, non par faiblesse mais par force, parce qu'il sait encore tirer avantage de ce qui serait la perte des natures médiocres ; homme pour qui il n'y a plus rien de défendu, sauf du moins la faiblesse, qu'elle s'appelle vice ou vertu.* **Crépusc. 49**

Nietzsche applique sa conception à la philosophie : il

refuse le nom de philosophe au pur spécialiste : *Sans doute est-il nécessaire à son éducation que le vrai philosophe ait lui-même gravi tous les degrés où ses serviteurs, les ouvriers scientifiques de la philosophie, se sont arrêtés, peut-être doit-il avoir été lui-même critique, sceptique, dogmatique, historien, et aussi poète, compilateur, voyageur, déchiffreur d'énigmes, moraliste, voyant, libre-penseur, avoir été presque tout, enfin, pour être à même de parcourir dans son entier le cercle des valeurs humaines et des sentiments de valeur, pour pouvoir regarder avec des yeux et une conscience douée de facultés multiples, regarder d'en haut vers tous les lointains, d'en bas vers toutes les cimes, d'un recoin vers toutes les directions.* **P.D.B. - 211**

Par là même, le philosophe sera capable de bien juger de la valeur d'un homme, de sa supériorité ; *En face d'un monde d'idées « modernes » qui aimerait confiner chacun dans son coin et dans une « spécialité », un philosophe devrait placer la grandeur de l'homme, la notion même de grandeur dans l'étendue et la diversité de l'esprit, dans une totalité faite de multiplicité. Il fixerait même le rang et la valeur d'un homme d'après l'ampleur et la diversité de ce qu'il peut supporter et assumer, d'après la portée qu'il sait donner à sa responsabilité.* **P.D.B. - 211**

5. L'égoïsme des créateurs

On n'aime vraiment de toute son âme que son enfant et son œuvre, et c'est un signe de fécondité qu'un grand amour de soi. **G.S.**

Nietzsche, comme on l'a vu précédemment, condamne, au nom de la psychologie, la dichotomie du Bien et du Mal, qu'il estime avoir été imposée abusivement par la morale traditionnelle. Cette même critique s'applique, on l'a vu, à l'opposition de l'altruïsme, considéré comme étant le Bien et de l'égoïsme considéré comme étant le Mal, opposition qui est, on le sait, de règle chez les hommes du commun et même chez beaucoup de philosophes religieux. On peut se demander dans quelle mesure cette opposition rejoint celle de la vanité et de la fierté, puisque la vanité a sa source dans les rapports avec le prochain, tandis que la fierté réside dans l'autonomie personnelle.

On vante d'ordinaire l'altruisme comme étant d'une moralité supérieure à l'égoïsme, et réciproquement on considère l'orgueil, l'estime de soi comme un péché capital. Mais, dit **Nietzsche :** *On parle si sottement de l'orgueil, et le christianisme a même réussi à nous le faire sentir comme coupable. La vérité, c'est que celui qui exige et obtient de lui-même de grandes choses ne peut que se sentir loin de ceux qui n'en*

font pas autant. Cette impression de distance, c'est ce que les autres appellent « avoir une haute idée de soi ». Mais celui qui éprouve ce sentiment le ressent comme un effort continu, un combat, une victoire de jour et de nuit ; et c'est cela que les autres ignorent.
XVI - I - 219

Cependant, l'attachement à la communauté a très longtemps fait prévaloir les sentiments et les opinions qui étaient partagées par tout le monde. C'est ainsi que la qualification de « libre penseur » passe auprès de beaucoup de gens comme synonyme d'hérétique.

Comme le dit **Nietzsche :** *Être seul, avoir une façon particulière de sentir, ne pas obéir ni commander, représenter un individu, voilà qui jadis n'était pas une satisfaction, mais une punition ; on était condamné à l'individu. Autrefois, « le libre arbitre » avait mauvaise conscience : moins on agissait librement, plus s'exprimait dans l'action, non pas le sentiment personnel, mais l'instinct grégaire, plus on avait le sentiment d'être normal.*
Gai Sav. 117

Même aujourd'hui, les gens du commun, attachés aux valeurs de l'instinct de conservation, qui privilégient la sécurité des sentiments approuvés par la collectivité, ne comprennent pas l'homme qui s'individualise par son action : *Méconnaissance de l'égoïsme de la part des natures vulgaires qui ignorent tout de la soif de conquête, de l'insatiabilité du grand amour, qui ignorent ces sentiments de puissance jaillissante qui subjuguent, conquièrent de force, serrent leur conquête sur leur cœur — la passion de l'artiste pour sa matière.*
XVI - 873

Nous retrouvons ici le primat de la vie et la volonté de

puissance : *La prodigalité, type de la vraie bonté ; la richesse de la personnalité en est la condition.* **XVI - 935**

Ce que **Nietzsche** développe en ces termes : *C'est la richesse de la personnalité, la profusion intérieure, le jaillissement et le don, le plaisir instinctif et l'approbation de soi qui font les grands sacrifices et le grand amour. C'est de la personnalité forte et divine que naissent ces passions, aussi sûrement que la volonté de dominer, les empiètements du pouvoir, la certitude intime d'avoir droit à tout. Ces tendances, que l'opinion courante tient pour contradictoires, ne sont qu'une seule et même tendance. Et quand on n'est pas ferme et solide dans sa peau, l'on n'a rien à donner ; on ne peut tendre la main, ni servir d'appui et de bâton.* **XV - 388**

Et à ceux qui voudraient, au nom de ce qu'ils appellent l'altruisme, réduire la force de l'égoïsme, de la fierté personnelle, **Nietzsche** déclare : *Chez l'homme dont l'ego s'affaiblit et s'amenuise, la force du grand amour s'affaiblit aussi, car les grands amoureux le sont par la force de leur ego.* **XV - 362**

Mais c'est ici qu'il faut suivre attentivement **Nietzsche** dans son analyse des valeurs différentes qu'on peut donner aux mots selon la plénitude de vie du sujet. Précisément, le mot égoïsme n'a pas le même sens chez tous ; à l'opposé de l'égoïsme riche et créateur des individus autonomes, il y a l'égoïsme pauvre des hommes de la collectivité : *Il est un autre égoïsme, trop pauvre celui-là ; un égoïsme d'affamé, toujours à l'affût de rapines : c'est l'égoïsme morbide. C'est avec des yeux de voleur qu'il regarde tout ce qui brille. C'est avec la convoitise d'un affamé qu'il juge l'homme comblé, l'homme aux greniers bien remplis, et on le voit se glisser sans cesse autour de la table de ceux qui ont à donner. Dans une telle convoitise se fait entendre la voix de la maladie et d'une invisible* dégénérescence ; *l'avidité de voleur de cet égoïsme trahit un organisme dégénéré... et nous pressentons toujours la dégénérescence là où l'âme qui donne est absente.* **XVI - 873**

En psychologue des profondeurs, **Nietzsche** ne se borne pas à cette opposition tranchée entre l'égoïsme riche et le sentiment grégaire. En premier lieu, il montre que chez chacun de ceux qui affirment avec fierté leur individualité, comme, selon son expression, *le Toi est plus ancien que le Moi*, il persiste encore des tendances grégaires à côté des tendances indépendantes : *Même chez l'homme dont l'individualité est éveillée, la masse originelle des sentiments grégaires est encore prédominante et liée à la bonne conscience. Au Moyen Âge, tous les hommes quelque peu libres ont cru qu'il fallait avant tout conserver intact l'instinct du troupeau, que l'individu d'exception devait pour cette raison user de dissimulation, que sans berger et sans la croyance à des lois générales, tout serait sens dessus dessous. Nous ne le croyons plus parce que nous avons vu que l'attachement au troupeau est si grand qu'il triomphe de toutes les libertés de pensée. Le Moi est encore un phénomène si rare !* **XII - I - 222**

En second lieu, **Nietzsche** décèle chez beaucoup d'hommes qui disent « moi » un simple travestissement du sentiment grégaire : *La plupart des gens, quoiqu'ils puissent penser et dire de leur égoïsme, ne font malgré tout, leur vie durant, rien pour leur ego et tout pour le fantôme d'ego qui s'est formé d'eux dans l'esprit de leur entourage, lequel le leur a ensuite communiqué. Tous ces gens, qui ne se connaissent pas eux-mêmes, croient à cette abstraction exsangue « l'homme », c'est-à-dire à une fiction. Aucun d'eux n'est capable d'opposer à la pâle fiction générale un ego authentique, un ego qui lui soit accessible et qu'il ait de lui-même* *approfondi, car, s'il le faisait, il détruirait par là même cette fiction.* **Aurore - 105**

Et dans le même sens, il faut reconnaître que l'altruisme, qui paraît à beaucoup de gens n'être fait que de générosité, est loin d'avoir toujours cette valeur, et qu'il constitue parfois une forme masquée de cet égoïsme des faibles : *L'un se porte vers son prochain parce qu'il est à la recherche de lui-même et l'autre parce qu'il voudrait se perdre. Votre mauvais amour de vous-même fait de votre solitude une prison.* **Zarat.**

Nous rejoignons par là l'opposition de la fierté et de la vanité. Alors que l'homme fier, que ***Nietzsche*** appelle « aristocratique », *sait qu'il crée des valeurs et n'a pas besoin d'approbation,* par contre l'homme vaniteux ne s'estime que dans la mesure où il réussit à inspirer de l'estime aux autres. ***Nietzsche*** exprime cela en des termes quelque peu sibyllins dans son Zarathoustra quand il parle de : *l'homme qui croit toujours ce par quoi il persuade le plus fortement, ce par quoi il persuade aux gens de croire en lui.* Et plus explicitement : *Vous vous invitez un témoin quand vous voulez dire du bien de votre propre personne, et, quand vous l'avez induit à penser du bien de vous, vous vous mettez à penser du bien de vous-même.*

Ainsi donc, et pour conclure, ***Nietzsche*** déclare : *L'égoïsme ! Chacun suppose implicitement que tout ego est égal à un autre. Telles sont les conséquences de la doctrine d'esclavage du suffrage universel et de la prétendue égalité.* **XV - 364**

6. Solitude et Création

Plus d'un s'en est allé au désert et souffrit la soif dans la compagnie des bêtes fauves, simplement parce qu'il ne voulait pas s'asseoir autour de la citerne avec des chameliers malpropres. **Zarat. L. II (De la canaille).**

Le grand poème en prose. « Ainsi parlait Zarathoustra » est une apologie du Solitaire, l'homme qui s'écarte de la foule, du bruit, de la place publique, et qui refuse la passivité obéissante du troupeau. **Nietzsche,** on le sait, oppose l'homme de l'élite, le créateur, à la foule des médiocres, qui remplacent la création par le tapage de la publicité : *L'esprit philosophique est environné de solitude, non parce qu'il veut être seul, mais parce qu'il est un être hors pair.*
XVI — 985

Et : *Tout ce qui est grand se fait à l'écart de la place publique et de la gloire ; c'est à l'écart de la place publique et de la gloire que se tinrent de tous temps les inventeurs de valeurs nouvelles.* **Zarat. I**

Comme l'indique la sentence métaphorique citée en tête, l'homme de l'élite ne peut vivre au milieu de la foule des médiocres, non seulement parce qu'il ne peut partager ses pensées avec eux, mais encore parce qu'il est en butte à leur hostilité : *Jadis, le Sage, en s'en allant ainsi à l'écart, devenait quasiment un Saint aux yeux de la foule. Aujourd'hui, le solitaire se voit entouré d'une nuée de doutes obscurs et de suspicion.*
XVI - 985

Et de même : *Aux yeux de l'Européen médiocre, l'homme indépendant qui refuse de marcher en tête du troupeau est suspect d'être un fauve errant.* **XII - II - 193**

Dans le « Prologue du Zarathoustra », **Nietzsche** met dans la bouche de son héros, s'adressant à un ami, ces paroles : *Les hommes se défient des solitaires; ils ne croient pas que nous venions en donateurs. Nos pas résonnent pour eux trop solitaires le long des ruelles. Ainsi, lorsque dans la nuit, étant dans leur lit, longtemps avant le lever du soleil, ils entendent un homme marcher, ils se demandent sans doute « Où va ce voleur? »*

C'est bien entendu à son propre destin que **Nietzsche** fait ici allusion. On sait qu'à la trentaine, lorsque sa mauvaise santé l'obligea (providentiellement, dit-il) à résilier ses fonctions de professeur, il voulut mener l'existence d'un penseur solitaire; mais, il faut le souligner, non celle d'un solitaire enfermé dans son cabinet de travail; tout au contraire celle d'un solitaire au sein de la nature, au milieu des choses vivantes de la nature, où il puisa le meilleur de son œuvre de philosophe. Il écrivait à son amie **Malwida;** *La solitude dans la plus solitaire des natures a toujours été jusqu'ici mon meilleur cordial, mon plus sûr remède. Ce qui m'ordonne de vivre encore, une lourde et formidable tâche, m'enjoint aussi d'éviter les hommes et de ne plus me lier à aucun.*

C'est d'ailleurs le conseil que donne Zarathoustra à son disciple : *Mon ami, va te réfugier dans la solitude! Je te vois étourdi par le tapage des grands hommes (prétendus tels) et de toutes parts meurtri par les aiguillons des petits. La forêt et le rocher sauront, dignement, te tenir compagnie dans le silence.* **Zarat. I**

Et plus loin : *Sois de nouveau semblable à cet arbre que tu aimes, à l'arbre aux larges branches, qui, penché sur la mer, immobile, écoute.* **Zarat. I**

Cette solitude au sein de la Nature, **Nietzsche** la voit comme une condition indispensable pour le créateur de valeurs nouvelles. Il déclare dans une lettre : *La solitude absolue m'apparaît de plus en plus comme ma formule essentielle, comme ma passion fondamentale ; c'est à nous qu'il incombe de provoquer cet état, au sein duquel nous créons nos œuvres les plus belles, et il faut savoir lui sacrifier bien des choses.*

Il convient de souligner que la solitude n'est pas pour **Nietzsche** une fin en soi, mais le moyen d'échapper à la vie médiocre de la multitude, et de plonger au plus profond de la vie naturelle, en soi et hors de soi, ce qu'il nous explique par le texte suivant : *Un jour, à une époque plus robuste que ce présent avarié qui doute de lui-même, il faudra bien que nous vienne l'homme* rédempteur *du grand amour et du grand mépris, l'esprit créateur que sa force d'impulsion chasse toujours loin de tout à-côté et de tout au-delà, dont la solitude sera incomprise du peuple, qui n'y verra qu'une* fuite *devant la réalité, alors qu'elle est pour lui une façon de s'enfoncer, de s'abîmer dans la réalité, pour nous en ramener un jour, lorsqu'il reviendra à la lumière, la* rédemption *de cette réalité, la levée de l'anathème jeté sur elle par l'idéal qui a eu cours jusqu'à présent.* **Généal. II -24**

Ainsi donc, la solitude ne doit pas être une fuite. Il faut qu'elle serve un grand but, non qu'elle serve d'échappatoire. Elle est donc l'apanage des hommes d'élite, car *tout ce qu'on y apporte grandit dans la solitude, même la bête intérieure ; aussi y a-t-il bien des hommes à qui il la faut déconseiller.* **Zarat. II**

Dans le passage du Zarathoustra intitulé « Les voies du

créateur », le disciple est interrogé : *Veux-tu t'en aller vivre dans la solitude, mon frère ? Veux-tu chercher le chemin qui conduit à toi-même ? Attends encore un peu et écoute-moi... Tu te dis libre ? C'est ta pensée maîtresse que je veux connaître, et non pas que tu t'es évadé d'un joug. Es-tu de ceux qui avaient le droit de s'évader d'un joug ? Il en est plus d'un qui, en rejetant leur servitude, ont perdu leur dernière valeur. Libre de quoi ? Qu'importe à Zarathoustra. Bien plutôt ton regard doit-il m'indiquer clairement : libre pour quoi ?... Un jour la solitude t'accablera : un jour ta fierté courbera la tête et ton courage grincera des dents : un jour tu t'écrieras « Je suis seul ! »*

C'est qu'en effet, même pour le penseur chez qui la vie intérieure a la primauté, il est des moments où l'être affectif, en lui, réclame de la présence humaine, la présence d'un ami avec lequel il puisse échanger ses pensées et ses sentiments. Dans ce sens, **Nietzsche** écrivait un jour à sa sœur : *Chacun n'a pas la possibilité de communiquer ses pensées, quelle que soit l'envie qu'il en ait. Il faut encore trouver celui qui peut recevoir de telles communications... Où sont-ils, ces vieux amis avec lesquels je me sentais autrefois si intimement uni ? Entre pairs ! mot enivrant, mot qui contient tant de consolation, d'espoir, de goûts raffinés, de bonheur ineffable pour celui qui est « différent », qui n'a jamais trouvé personne qui fût justement fait pour lui... Parfois aussi, il a connu ces dangereux et navrants débordements de toute la détresse cachée, de ces flots d'amour qui rompent leur digue. Il a connu aussi la démence soudaine de ces heures où celui qui a été longtemps seul ouvre les bras au premier venu comme à un ami envoyé par le Ciel, pour le repousser avec écœurement une heure après, dégoûté désormais de lui-même, se sentant souillé, avili, souffrant de sa propre compagnie comme d'une maladie.*

Découverte de Nietzsche

Et d'une manière plus symbolique, plus profonde aussi, cette déclaration de Zarathoustra (« De l'ami ») : *Il y a constamment un de trop à mes côtés, songe le solitaire « Une fois un sans cesse répété, à la longue, cela finit par faire deux. Je et Moi sont toujours en conversation trop assidue. Comment pourrait-on le supporter si l'on n'avait pas un ami ? » Pour le solitaire, l'ami est toujours le troisième ; le troisième est la bouée qui empêche l'entretien des deux autres de sombrer dans les abîmes profonds. Ah ! il est pour tous les solitaires trop d'abîmes profonds ; c'est pourquoi ils languissent ainsi après un ami qui puisse les ramener vers les hauteurs.*

On sait que ce fut le drame de **Nietzsche** : au fur et à mesure qu'il développait dans ses ouvrages sa révolte contre les idées reçues, un nombre croissant de ses amis s'écartaient de lui et le laissaient seul avec lui-même, tragiquement seul.

On pourrait penser, à la lecture de ce qui précède, que **Nietzsche** a vécu toute une partie de son existence complètement coupé du monde, coupé de la réalité. Mais ce n'est pas exact : le Sage en qui il projette son idéal d'humanité, Zarathoustra, après des années de solitude consacrées à méditer dans sa retraite de montagne, veut redescendre parmi les hommes pour leur délivrer son message.

Ainsi, **Nietzsche,** après avoir déclaré que *L'homme d'élite se cherche d'instinct une forteresse, un réduit où il soit délivré de la foule, de la multitude, du vulgaire, où il puisse oublier « l'homme », la « règle », cette règle à laquelle il fait exception ; à moins qu'un instinct plus fort encore ne le jette droit sur ces êtres conformes à la règle ; parce qu'il veut les connaître, au sens grandiose et exceptionnel de ce mot.*

Il ajoute : *Celui qui ne s'est jamais senti, dans le commerce des hommes, passer par toutes les teintes de la détresse, verdir ou blêmir de dégoût, de satiété, de compassion, d'hypocondrie ou d'isolement, n'est certes pas un homme d'un goût raffiné. Mais s'il n'assume pas volontairement le fardeau de tout ce déplaisir, s'il reste taciturne et fier dans sa forteresse, alors une chose est sûre, c'est qu'il n'est pas fait pour la connaissance, qu'il n'y est pas prédestiné.* **P.D.B.**

Qu'on n'applique donc pas à **Nietzsche** le schéma facile, mais faux, de l'opposition extra-introvertie en le donnant comme un introverti pur, complètement refermé sur lui-même, car en dépit de son exigence de solitude, il reprend de temps à autre contact avec les hommes, et, pour fugitifs qu'ils soient, les regards qu'il leur lance lui font percer à jour les secrets de leur âme.

7. La procréation de l'œuvre

Ma tâche consiste à me recueillir aussi profondément que possible et à éviter tous les dérangements qui pourraient nuire à l'équilibre de mon esprit, afin que le fruit de ma vie parvienne à la douceur de sa maturité (lettre à sa sœur, à l'âge de 33 ans).

Nietzsche souligne dans ce texte l'intime parenté de l'œuvre d'un créateur avec la Nature, et avec la nécessaire maturation des fruits. Par là même, il conseille un recueillement profond, à l'abri des sollicitations extérieures, c'est-à-dire qu'il valorise une fois encore l'inconscient, cet inconscient qui, selon lui, inspirant en secret l'originalité intuitive de nos pensées, est le facteur essentiel de la création.

Il se déduit de là que ce n'est pas l'intellect, la raison logique qui fait œuvre créatrice, mais la personnalité tout entière jusqu'en ses secrètes profondeurs. Il s'en déduit aussi, en conformité avec ce que le philosophe a révélé de la grande raison du corps, que toute invention, quels que soient les efforts conscients qui l'ont préparée, ne peut venir au jour que par une maturation intérieure, laquelle exige du temps, tout comme cela se produit dans la Nature, avec le rythme des saisons, qu'on ne peut précipiter sans danger, vu qu'il faut avoir la sagesse d'attendre pour que la fleur engendre le fruit.

Nietzsche parle de même de *l'heure de la maturité automnale et de la délivrance... de l'acte qui s'est détaché de l'arbre sans effort, sans qu'on le veuille, ainsi qu'un acte involontaire, presque comme un présent qui nous serait fait —* **XVI - 972**

Et aussi : *Le génie ne travaille pas... Dans tous les moments où nous produisons le meilleur de nous-mêmes, nous ne travaillons pas. Le travail n'est qu'un moyen pour parvenir à ces moments-là.* **Zarath.**

Il a lui-même vécu une telle expérience, et il déclare dans son dernier ouvrage « *ecce homo* », qui est une autobiographie : *La suprême sauvegarde de cet instinct (de création) se montra tellement ancrée au fond de moi qu'en aucun cas, je ne me suis douté de ce qui grandissait en moi, de sorte que toutes mes facultés jaillirent un jour, soudainement, dans leur perfection dernière.*

Et il va jusqu'à comparer la création de l'œuvre à l'enfantement, l'homme qui crée nourrissant son œuvre de toutes les ressources vitales de son organisme, comme le fait la femme qui engendre : *Nous ne pouvons, nous autres philosophes, séparer l'âme et le corps, comme le fait le populaire. Il nous faut constamment enfanter nos pensées du fond de nos souffrances, et les pourvoir maternellement de tout ce qu'il y a en nous de sang, ce cœur, de désir, de passion, de tourment, de conscience, de destin* - **Préface du Gai Savoir - 3**

Sa conception intuitive du processus créateur culmine dans ce texte où s'abolit pour lui toute différence entre la femme qui procrée et l'homme qui crée : *Est-il un état plus sacré que celui de la grossesse ? Faire tout ce que l'on fait avec la paisible conviction que cela doit être, d'une manière ou d'une autre, profitable à l'être qui en nous devient. La conviction que cela doit accroître sa mystérieuse valeur, à laquelle nous pensons avec ravissement. On évite alors bien des choses sans être obligé de se forcer durement. On réprime alors un mot violent ; on tend une main conciliante ; l'enfant doit naître du plus doux et du meilleur de nous. Nous tremblons devant notre dureté et notre violence, comme si elles déversaient une goutte de malheur dans la coupe de vie du très cher inconnu ! Tout est voilé, plein de pressentiments ; on ne sait pas comment cela se passe ; on attend et on cherche à être prêt. Avec cela règne en nous le sentiment pur et purifiant d'une profonde irresponsabilité, à peu près comme celui d'un spectateur devant le rideau baissé. Cela grandit, cela vient au jour ; nous n'avons rien en main pour déterminer sa valeur et son heure ; nous avons uniquement à nous occuper de ces influences indirectes qui sont bienfaits et protections.* « *Ici croît quelque chose de plus grand que ce que nous sommes* », *telle est notre plus secrète espérance. Pour lui, nous préparons toutes choses afin qu'il vienne au monde pour y prospérer, non seulement ce qui est utile, mais encore les tendresses et les parures de notre âme. C'est dans cette atmosphère sacrée que l'on doit vivre, qu'il est possible de vivre. Et que ce qui est attendu soit une pensée ou une action, nous n'avons devant tout accomplissement essentiel d'autre attitude que celle de la grossesse, et nous devons jeter aux quatre vents ces expressions présomptueuses* « *vouloir* » *et* « *créer* » — **Aurore - 252**

Je rappelle une fois encore, qu'au rebours de la plupart des philosophies antérieures, la conception nietzschéenne révolutionnaire fait jouer dans la création le rôle principal, voire essentiel, aux puissances irrationnelles de l'homme, à cet inconscient qui nous fait communiquer par des voies mystérieuses avec la vie profonde des êtres et des choses. Dans un texte remarquable de son dernier livre **Ecce Homo, Nietzsche** évoque à ce propos l'*inspiration :*

Pour peu qu'on ait gardé en soi le moindre reste de superstition, on ne pourrait sans doute pas écarter la pensée que l'on est tout simplement l'incarnation, la bouche, le médium de puissances surnaturelles. Le mot « *révélation* », *dans le sens où soudain, avec une sûreté et une délicatesse inexprimables, quelque chose se révèle à votre vue, à votre ouïe, quelque chose qui vous secoue dans les profondeurs et vous bouleverse, ce mot suffirait tout juste à décrire ce qui se passe : on entend, on ne cherche plus ; on prend, on ne demande pas qui donne. Une pensée vous illumine comme un éclair, avec nécessité, et ne laisse aucune hésitation dans la forme ; je n'ai jamais eu à faire un choix. C'est un ravissement dont la tension prodigieuse se manifeste parfois par un torrent de larmes, qui fait que le pas, involontairement, tantôt se précipite, tantôt se ralentit. On est parfaitement hors de soi, avec la conscience la plus aiguë d'une infinité de frissons délicats, de ruissellements qui vous parcourent jusqu'aux orteils. C'est une plénitude de bonheur, où les choses les plus douloureuses et les plus sombres ne font plus l'effet d'un contraste, mais sont une condition requise, une nuance nécessaire à l'intérieur d'une telle surabondance de lumière. C'est un instinct de rapports rythmiques, qui embrasse une vaste échelle de formes ; l'ampleur, l'exigence d'un rythme très ample est presque la mesure de la puissance de l'inspiration, une sorte de compensation à cette tension et à cette contrainte... Tout se passe de la façon la plus involontaire, mais comme un tourbillon de sentiments de liberté, de souveraineté, de puissance, de divinité. Le caractère involontaire de l'image, du symbole est ce qu'il y a de plus remarquable : on ne sait plus ce qui est image, ce qui est symbole ; tout s'offre comme l'expression la plus proche, la plus juste, la plus simple. Telle est mon expérience de l'inspiration.*

8. L'enfance retrouvée

La maturité de l'homme, c'est d'avoir retrouvé le sérieux qu'on avait au jeu quand on était enfant.
P.D.B. - 94

Cette sentence, en dépit de son caractère paradoxal, a une signification profonde, qui se rattache aux thèmes

Découverte de Nietzsche

essentiels de la philosophie de **Nietzsche :** le primat de la Vie et la grande importance donnée à l'inconscient. Elle s'oppose en effet à la thèse la plus courante, selon laquelle la maturité de l'homme devrait consister dans le dépassement de la mentalité enfantine et dans l'accès à la raison, à la logique rationnelle. Pour l'exprimer d'une autre manière, selon la disance psychanalytique, au principe du plaisir, qui règne dans l'enfance, devrait suivant cette thèse se substituer, au fur et à mesure qu'on avance en âge, le principe de réalité ; autrement dit, il faudrait que la subjectivité des désirs et de l'imagination enfantine soit remplacée par l'objectivité et l'adaptation aux réalités de la vie en collectivité...

Nietzsche suit la voie inverse, voie que nous trouvons exposée en des métaphores poétiques particulièrement expressives dans le « Prologue » de « Ainsi parlait Zarathoustra », prologue intitulé « Les trois métamorphoses ».

Ces métamorphoses, ce sont celles-là mêmes que **Nietzsche** a vécues dans le cours de son existence tourmentée. La première est figurée par le « Chameau », l'animal qui porte de lourds fardeaux et qui, de ce fait, représente le « Tu-Dois », ce que Nietzsche a vécu dans son enfance et sa prime adolescence de sujet studieux, obéissant aux règles familiales et religieuses les plus strictes. La seconde métamorphose est figurée par le « lion », la bête sauvage qui se veut libre de toute contrainte et qui représente la révolte de **Nietzsche** à la fin de son adolescence, la perte de sa foi religieuse, son accès à la libre pensée, affranchie de toutes les contraintes

Découverte de Nietzsche

sociales, affranchissement qui le prépare à la création de sa philosophie originale.

Mais alors se situe pour **Nietzsche** la grande rupture avec la tradition : au lieu de se maintenir dans sa charge de professeur réputé, au lieu de devenir, avec l'âge, un citoyen honoré, de se créer un statut social, avec une épouse, des enfants, une maison et les honneurs attachés à sa grande valeur intellectuelle, à l'âge où tous ses collègues, dépassant les élans fougueux de leur jeunesse, s'assagissent et s'embourgeoisent, lui résilie ses fonctions officielles, rompt avec la vie sociale, et mène désormais une existence de penseur vagabond et solitaire. Et cette troisième métamorphose, ô surprise, s'opère, selon lui, du lion à l'enfant!

Mais dites-moi, mes frères, que peut de surcroît l'enfant qui n'était pas possible au lion ? Pourquoi faut-il que le lion ravisseur se métamorphose encore en un enfant ? L'enfant est innocence et oubli, un renouveau, une recréation, une roue qui roule d'elle-même, un premier mouvement, une affirmation sacrée. L'esprit impose alors sa propre volonté : celui qui a perdu un monde se conquiert un monde à sa mesure.

On pourrait être surpris, en lisant la sentence initiale, d'y voir accolés les mots « jeu » et « sérieux ». Mais c'est que, pour **Nietzsche,** le jeu, particulièrement le jeu de l'enfant, est à l'opposé du travail qu'on effectue sous la contrainte; le jeu émane du plus profond de l'être, de sa spontanéité, de sa passion dominante. Et **Nietzsche** ajoute : *Dans les rapports avec les grandes tâches, je ne connais pas d'autre manière que le jeu. C'est la condition essentielle pour reconnaître la grandeur.*

Découverte de Nietzsche

Si, en cela, **Nietzsche** est en contradiction avec la plupart des philosophes, par contre, il a pour lui beaucoup d'artistes, de créateurs, qui ont eu le sentiment intuitif que, dans leur œuvre, revivaient de fortes impressions éprouvées dans leur jeunesse, ce que l'on a aussi exprimé dans cette déclaration paradoxale que « *L'enfant est le père de l'homme.* » L'on pourrait évoquer ici la pensée d'écrivains ou d'artistes. Par exemple **Mencius,** philosophe chinois (4ᵉ siècle avant Jésus-Christ) déclarait dans son célèbre Traité de morale : *Celui qui est un grand homme, c'est celui qui n'a pas perdu la candeur de son enfance.* Et, plus près de nous, le grand peintre **Picasso** : *On met longtemps à devenir jeune.*

La psychologie des profondeurs nous explique ce paradoxe. L'imagination de l'enfant est en contact, inconsciemment, avec la vie universelle ; elle n'est pas encore freinée dans ses élans par la raison abstraite, comme elle le sera plus tard. Mais l'homme, l'artiste, qui a retrouvé son enfance, voit revivre en lui-même, avec une fraîcheur intacte, des images depuis longtemps oubliées, au point qu'il peut croire de bonne foi qu'elles sont pour lui une première découverte.

9. La relation cosmique

Quand tu regardes longtemps au fond d'un abîme, l'abîme lui aussi regarde en toi. **Zarath.**

Cette sentence quelque peu énigmatique se refère au danger qui guette le Sage lorsqu'il tente de sonder les profondeurs abyssales de la réalité, au lieu de se maintenir dans le champ plus commodément superficiel de la raison logique et de la bonne adaptation sociale. Cet abîme profond, d'abord l'homme le trouve en lui-même, et, par son être intérieur, il se rattache à tout ce qui l'environne, au cosmos tout entier : *Prodigieuse découverte de soi : prendre conscience de soi-même, non pas en tant qu'individu, mais en tant qu'humanité.* **XVI - 585.** A quoi s'ajoute : *Rien n'existe pour soi seul, ni en nous, ni dans les choses, et si notre âme a vibré et résonné une seule fois comme une corde de joie, toutes les éternités ont collaboré à déterminer ce fait unique, et, dans cet unique instant d'affirmation, toute l'éternité se trouve approuvée, rachetée, justifiée, affirmée.* **XVI - 1032**

L'on a souvent accusé **Nietzsche** d'individualisme, mais c'est à tort, car il dépasse l'individualité pour vibrer en communion avec la Nature : *Chose étrange ! je me sens à tout moment dominé par cette pensée que mon histoire n'est pas seulement mon histoire personnelle, que j'agis pour beaucoup d'autres en vivant ainsi, en me formant ainsi et en notant mes pensées.* **XI - 2 - 598.** Et il ajoute : *Chaque individu collabore à tout l'Être cosmique,*

que nous le sachions ou non, que nous le voulions ou non.
XIV - 612

Pour *Nietzsche,* cette communion va jusqu'à une *identification totale*, signifiée par « *l'abîme lui aussi regarde en toi* ». A ce niveau, la métaphore de l'arbre, que *Nietzsche* emploie souvent, n'est même plus une métaphore ; c'est la réalité même qui s'exprime dans l'identification de l'homme avec tout ce qui vit ; ainsi quand il dit dans « Zarouthoustra » : *Il en est de l'homme comme de l'arbre ; plus il veut s'élever vers les cimes et vers la lumière, plus ses racines s'enfoncent avec force dans la terre, plongeant dans les ténèbres, dans les profondeurs, dans le Mal.*

Ce texte, il l'explicite ainsi : *Nous sommes en croissance, en changement perpétuel ; nous rejetons de vieilles écorces ; nous faisons peau neuve à chaque printemps. Nous ne cessons de devenir de plus en plus jeunes, plus hauts et plus forts. Nous enfonçons nos racines avec plus de puissance dans la profondeur, dans le Mal, tandis qu'en même temps, nous embrassons le Ciel avec toujours plus d'ampleur et d'amour, et que, de toutes nos branches et de toutes nos feuilles, nous aspirons la lumière avec une plus grande soif. Nous croissons comme les arbres ; nous croissons, non pas à un seul endroit, mais partout.*

Par là, l'être est en rapport intime avec toutes les choses, non par l'intermédiaire de l'idée abstraite, comme le fait la science, mais dans leur réalité même : *Vous ne connaissez les choses qu'à l'état de pensées, mais vos pensées ne sont pas pour vous des expériences vécues ; elles ne sont que l'écho de celles des autres. Ainsi, votre chambre frémit quand passe un camion : mais moi, je suis dans le camion ; souvent je suis le camion lui-même.* **XI - 2 - 592**

Ainsi l'individu accède à la connaissance de tout : *Il te suffira de savoir lire dans ta propre vie pour deviner les hiéroglyphes de la vie universelle.* **Schopenhauer éducateur**

Et de même : *Lorsque ton regard aura acquis assez de force pour voir le fond dans la fontaine obscure de ton être et de tes connaissances, peut-être aussi dans ce miroir les constellations lointaines des civilisations de l'avenir te deviendront-elles visibles.* **Hum. 292**

Et cette connaissance est en même temps un pouvoir, notamment le pouvoir d'agir sur la Nature : *Dès que l'homme s'est parfaitement identifié à l'humanité, il meut la Nature entière.* **XIV - 293**

Par là même aussi, et nous en revenons alors à la sentence par laquelle s'introduit cette étude, les profondeurs abyssales se découvrent à l'individu, car passé, présent et avenir sont confondus dans une même vision. On parlera sans doute ici d'un don de prophétie comme si ce don était d'inspiration divine. C'est ainsi que, vers 1880, à une époque où la prospérité matérielle et les progrès culturels entretenaient, même parmi les gens les plus éclairés, un optimisme systématique quant à l'avenir du monde, *Nietzsche* déclarait : *Le 20ᵉ siècle sera un siècle de barbarie et l'on y vivra dans un danger perpétuel,* si cette prédiction s'est trouvée tragiquement vérifiée par la suite, c'est tout simplement parce que l'intuition profonde de *Nietzsche* lui avait fait pressentir que la civilisation n'était qu'un mince vernis, dissimulant au regard les couches profondes de sauvagerie qui persistaient dans tout homme. Il voyait, lui, le fond de l'abîme, et l'abîme lui renvoyait son regard, lui découvrant que ce vernis de civilisation craquerait un jour, laissant sourdre au-dehors la barbarie cachée.

Enfin il faut ajouter, comme je l'ai laissé entendre en débutant, que cette communion cosmique, si elle favorise la création chez le poète, l'artiste, le penseur, l'inventeur, les expose aussi à tous les dangers que comporte le regard *plongé dans l'abîme*, et notamment à celui de perdre le sentiment de la réalité la plus prochaine, qui les maintenait jusque-là dans l'adaptation. **Nietzsche** l'avait bien pressenti lorsqu'il écrivait, pensant assurément à son propre destin : *Le danger du Sage est de sombrer dans la folie.*

10. L'éducation de l'élite

Toute originalité est chargée de chaînes, pénibles et lourdes à porter. **Schopenh. Educ.**

Des thèses essentielles de **Nietzsche** se déduit une philosophie de l'éducation qui vise la formation d'individus d'élite.

Le primat de la vie, on l'a vu, privilégie la vie ascendante, la volonté de puissance, l'instinct d'expansion. Toutes les formules-clés de **Nietzsche** s'y ramènent : « la vie est un combat » — « vivre, c'est vraincre » — « vivre dangereusement » — « l'homme est ce qui doit être dépassé ».

Il faut donc, dans ce sens, mettre au premier rang la force vitale qui préside à la croissance, à l'épanouissement de toutes les puissances de l'être, développer les passions affirmatives, et promouvoir la joie qui est l'accompagnement d'une telle affirmation. N'est-ce pas d'ailleurs ce que désirent tous les êtres en plénitude de vie ? Si, dit **Nietzsche,** *on demande à un brave petit garçon « veux-tu devenir vertueux ? », il restera de glace. Mais si on lui demande « veux-tu devenir plus fort que tes camarades ? » ses yeux brilleront de désir.*

XVI - 418

En premier lieu, **Nietzsche,** on l'a vu, au nom de l'affirmation de la vie, condamne la morale de l'interdit. Celui qui a dit : « Les enfants ont tout, sauf ce qu'on leur enlève », faisait directement allusion aux méthodes répressives d'éducation, si fréquemment en usage à toutes les époques, et sur lesquelles la psychanalyse nous a éclairés, en nous montrant que beaucoup d'éducateurs, ayant peur de leurs propres instincts, les refoulent, les paralysant sous des interdits. Par voie de conséquence, ils en viennent à réprimer pareillement les instincts qui se manifestent chez l'enfant. En agissant ainsi, ils méconnaissent que les instincts et les passions qui en dérivent sont des forces de vie dont il faudrait tout à l'inverse favoriser l'épanouissement. On ne leur a pas appris, à ces éducateurs, que l'accomplissement des instincts peut être bienfaisant s'il se fait dans la discipline et non dans le caprice.

Comme **Nietzsche** nous l'enseigne : la volonté de puissance de celui qui veut devenir un maître, un homme de l'élite, doit être équilibrée par une disposition à obéir, et celui qui ne veut pas obéir aux règles communes, doit de toute nécessité obéir à des règles qu'il s'est fixées lui-même. Selon la formule de notre philosophe : *Ce qui importe*

Découverte de Nietzsche

le plus, c'est d'obéir longtemps et dans une même direction.

En second lieu, **Nietzsche** nous enseigne qu'il ne faut pas se payer de mots, qu'il ne faut pas employer inconsidérément les mots de raison, de vertu, de droit, de justice, de liberté, comme s'ils représentaient en eux-mêmes des valeurs auxquelles nous pourrions prétendre de par notre seule appartenance à une société civilisée. Nous nous devons de montrer à la jeunesse que tous les buts qu'elle poursuivra — buts matériels, buts sociaux, buts intellectuels, buts idéalistes — seront obligatoirement des conquêtes, et que, selon la sentence donnée au début *toute originalité est chargée de chaînes.* **Nietzsche** l'affirme avec force à plusieurs reprises ; il dit : *Nous ne croyons pas à un droit qui ne reposerait pas sur la force de se faire respecter ; nous ressentons tous les droits comme des conquêtes* **XV - 120.** De même : *Les droits qu'un homme s'attribue sont en relation avec les devoirs qu'il s'impose, avec les tâches qu'il se sent capable d'assumer.* **XVI - 872.** Pareillement, en ce qui concerne la liberté, si souvent et si abusivement revendiquée comme un droit : dans son Zarathoustra, on l'a vu : **Nietzsche** écrit : *Tu te dis libre ? Je veux apprendre ta pensée maîtresse, et non pas que tu t'es évadé d'un joug. Es-tu de ceux qui avaient le droit de s'évader d'un joug ?... Libre de quoi ? Qu'importe à Zarathoustra ! Bien plutôt ton regard doit-il m'indiquer clairement : libre pour quoi.*

Pour quel but ? Il en est de deux ordres différents, et **Nietzsche** les oppose. Il dit : *Jusqu'à présent, des modèles ont été placés devant les yeux, soit des peuples ou des communautés religieuses, ou bien des partis, ou des sectes philosophiques ; ou encore le modèle du parfait commerçant, du parfait soldat, du parfait fonctionnaire.* Mais ce sont là des modèles collectifs.

Découverte de Nietzsche

Certes, pour beaucoup de gens, ce sont des modèles à suivre, car rien n'est meilleur pour ceux-là que d'obéir aux règles qu'a fixées la collectivité à laquelle ils appartiennent.

Mais on sait, par tout l'exposé qui précède, que **Nietzsche** vise plus haut : *Voici le but : que chacun dessine son propre modèle et le réalise. Ce but requiert toute la force créatrice, la jeunesse, la vertu virile, la connaissance de sa propre force, la connaissance de soi.*

Il ajoute : *Combien cette science individuelle est difficile ! Au départ, on se contente des superstitions populaires de la morale ; les recettes y sont toutes faites, mais ce n'est pas l'individu, c'est la communauté dont ces recettes sont appelées à assurer la conservation.*

Il faut ici faire un choix : ou bien l'application facile des règles de la communauté, ou bien l'application difficile des règles qu'on se donne à soi-même et auxquelles on se promet d'obéir, ce qui, on l'a vu, ne va pas sans souffrance... En effet, beaucoup d'influences s'opposent à cette réalisation de soi par soi. La formule d'**Héraclite** « Deviens ce que tu es », qui paraît si simple à réaliser, en fait ne l'est pas, car elle suppose tout au contraire de la part de chacun un effort persévérant. Le grand poète **Goethe** nous l'explique en disant : *Ce dont tu as hérité, acquiers-le afin de le posséder,* ce qui veut dire que les aptitudes par lesquelles nous affirmons notre personnalité sont en quelque sorte un minerai précieux enfermé dans une gangue de roche et qu'il faut peu à peu dégager de celle-ci.

En ce qui concerne la formation intellectuelle, **Nietzsche** est des plus catégoriques. En accord avec sa thèse du

Découverte de Nietzsche

primat de la vie, il déclare : *Il faut avoir en horreur, selon une parole de Goethe que je fais mienne, l'enseignement qui ne vivifie pas.* **Consid. Inact. II - Préface**

Il dit encore : *Et le « classique »? Avons-nous appris la moindre des choses que les Anciens, précisément, enseignaient à leur jeunesse ?... Jamais une aptitude réelle, une nouvelle faculté comme résultat de ces années de labeur ; mais uniquement la connaissance de ce que les hommes ont pu et ont dû faire autrefois.* **Aur. 195**

Il s'en prend de même à l'enseignement des sciences morales et philosophiques et dit : *La seule critique d'une philosophie qui soit possible et qui démontre quelque chose, celle qui consiste à essayer si l'on peut vivre conformément à cette philosophie, n'a jamais été enseignée dans les Universités, où l'on se contente de faire en paroles une critique de paroles.* **Schopenhauer Educ.**

On reconnaît ici la conception pragmatique de **Nietzsche** concernant la vérité. On a vu que, pour lui, la vérité n'existe pas « en soi », mais qu'elle est relative à nos conditions d'existence : est vrai non pas ce qui peut être prouvé par la raison, mais ce qui peut être vécu, incorporé à la substance même de notre être, ce pour quoi on peut se passionner, et même, s'il le faut, se sacrifier : Conception tout à fait nouvelle ? Non pas ! Cette thèse a pour nous une résonance familière depuis que notre grand **Montaigne** condamnait tout le savoir qui n'est pas transformé en vie, disant préférer chez les éducateurs « une tête bien faite qu'une tête bien pleine », c'est-à-dire qu'aux esprits-citernes, dans lesquels le savoir stagne et croupit, il préférait les esprits-sources desquels jaillit sans cesse le flot des idées nouvelles.

11. Les vulgarisateurs

Il n'est pas rare de rencontrer des copies d'hommes de valeur, et la plupart des gens prennent plus de plaisir aux copies qu'aux originaux, ainsi qu'il advient pour les tableaux. (Zarath.)

Nietzsche pose ici le problème de la vulgarisation des œuvres. Le mot se définit de lui-même : vulgariser une œuvre, c'est l'accommoder au goût et à la compréhension des gens du commun, de ceux qui ne sont pas capables de comprendre cette œuvre dans son originalité, car comprendre, c'est égaler, s'élever au niveau de l'auteur. Dans la mesure en effet où le vulgarisateur copie l'œuvre qu'il veut propager, quoiqu'il veuille il y projette toujours ses propres capacités et, s'il est un homme médiocre, il y projette sa médiocrité.

Mais en outre, **Nietzsche** dénonce chez beaucoup de vulgarisateurs le dessein pervers de se substituer au créateur de l'œuvre pour se faire une célébrité à ses dépens. Et, dans cette perspective, il oppose le silence de l'inventeur, qui fait qu'il est souvent méconnu, au tapage que font les vulgarisateurs sur la place publique pour rameuter le plus de gens possible, les gens du commun étant toujours disposés à écouter celui qui crie le plus fort. Il y revient souvent, notamment dans son livre « Ainsi parlait Zarathoustra » : *Le peuple n'entend presque rien à la grandeur, c'est-à-dire à la création ; mais il a un sens particulier pour tous les metteurs en scène et les comédiens des grandes choses.* Et de même : *Dans le monde, les choses les meilleures ne valent rien tant qu'un homme ne les a pas mises en scène ; ces metteurs en scène, le peuple les appelle des « grands hommes »... ce sont pour lui les maîtres de l'heure.* Bien entendu, il dénonce les méfaits de cette vulgarisation, qui occulte les vraies valeurs, et il dit : *Le monde gravite autour de ceux qui découvrent des valeurs nouvelles ; il gravite invisiblement. Mais c'est autour des comédiens que gravitent la foule et la gloire.*

Selon lui, le vrai créateur fuit la place publique, la foule et le bruit. Il recherche la solitude et le silence : *Tout ce qui est grand se fait à l'écart de la place publique et de la gloire ; c'est à l'écart de la place publique et de la gloire que se tinrent de tout temps les inventeurs de valeurs nouvelles.*

Et de même : *Les plus grands événements, ce ne sont pas vos moments les plus bruyants ; ce sont vos moments les plus silencieux. Ce n'est pas autour des inventeurs de bruits nouveaux que gravite le monde, mais autour des inventeurs de valeurs nouvelles ; il gravite en silence.* Et encore : *De nos jours, c'est seulement par leur écho que les événements acquièrent de la « grandeur », par l'écho des journaux.* **XII - II - 602**

De surcroît, il clame son indignation contre l'escroquerie de beaucoup de vulgarisateurs, qui, non contents d'occuper le devant de la scène, et d'utiliser ce que les autres ont découvert, vont jusqu'à altérer l'œuvre originale dans ce qu'elle a d'essentiel : *Regardez-les donc, ces inutiles ! Ils dérobent les œuvres des inventeurs et les trésors des Sages. Leur vol, ils l'appellent culture, et, par eux, tout devient maladie et corruption !*

Il convient d'ajouter que, tandis que les vulgarisateurs visent un résultat immédiat, spectaculaire, qui fait visiblement recette en satisfaisant les goûts de tous, le créateur vise plus haut et plus loin, se souciant peu du moment présent. **Nietzsche** déclare à ce propos : *Tout consommateur s'imagine que le souci de l'arbre est le fruit, mais l'arbre ne pense qu'à la graine. Là réside la différence entre les créateurs et les consommateurs.*

12. Les méfaits de la hâte avorteuse d'œuvres

La culture diminue de jour en jour à mesure que la hâte augmente. X - 39

Nietzsche insiste à plusieurs reprises sur les méfaits de la tendance à réagir sans cesse et immédiatement aux impressions du dehors, aux circonstances, aux événements, en un mot à l'actualité journalière. Il considère cette tendance comme une des tares de notre vie moderne, et il la relie au besoin inextinguible d'action sans relâche, contraire selon lui à la maturation de l'œuvre, laquelle demande du temps, comme on l'a vu. Nul diction ne s'applique mieux à cette sagesse de vie que celui-ci : « Le temps défait ce que l'on a fait sans lui. »

Nietzsche dénonce par là ce que nous appelons en morphopsychologie la tendance réagissante, conséquence d'un excès de sensibilité superficielle qui empêche d'ordinaire toute pénétration en profondeur. Il déclare : *La sensibilité est infiniment plus irritable... Les impressions s'effacent l'une l'autre ; on se défend instinctivement d'absorber quelque chose, de s'en laisser impressionner profondément... L'homme désapprend d'agir ; il ne fait plus que réagir aux impressions : il dépense sa force soit dans l'assimilation, soit dans la défense, soit dans la riposte.* **XV - 71**

Par ce texte, le philosophe met l'accent sur cette opposition de la tendance à réagir et de l'action véritable, issue des sources vitales profondes de l'être, qui est seule créatrice d'œuvres originales. Il dit encore : *Pauvre hères ! vous qui habitez les grandes cités, jeunes gens très doués, tourmentés par la vanité, vous considérez que c'est votre devoir de dire votre mot dans tout ce qui arrive (car il se passe toujours quelque chose). Vous croyez que quand vous avez fait ainsi de la poussière et du bruit, vous êtes le char de l'Histoire. Vous êtes toujours à l'écoute ; vous attendez toujours le moment où vous pourrez lancer votre parole au public et vous perdez ainsi toute vraie productivité. Quel que soit votre désir des grandes œuvres, le profond silence de l'incubation ne vient pas jusqu'à vous. L'événement du jour vous chasse devant lui comme de la paille légère, alors que, pauvres diables, vous avez l'illusion de pourchasser l'événement !* **Aur. 177**

En revanche, il valorise, comme on l'a vu plus haut, ceux qui, se soustrayant à l'agitation du moment, prennent le temps de bien faire ce qu'ils ont à faire, et qui constituent de ce fait même une élite : *Fécondité tranquille ! Les aristocrates de l'esprit ne sont pas trop pressés ; leurs créations paraissent et tombent de l'arbre par un tranquille soir d'automne sans avoir été hâtivement désirées, sollicitées, pressées par la nouveauté. Le désir incessant de créer est vulgaire* — **Hum. 210**

Et derechef il en revient à sa comparaison avec la procréation d'un enfant : *Il y a des esprits extrêmement doués qui restent toujours stériles parce que, par faiblesse de tempérament, ils sont trop impatients pour attendre leur grossesse.* **Opinions et sentences - 216**

Il critique dans le même sens la valorisation moderne de l'activité sans relâche, qu'il dénonce comme étant une activité stérile : *L'agitation des hommes s'accroît tellement que la haute culture n'a plus le temps de mûrir ses fruits. C'est comme si les saisons se succédaient trop rapidement. Faute de tranquillité, notre civilisation aboutit à une nouvelle barbarie, car, à aucune époque, les hommes d'action, c'est-à-dire les agités, n'ont été plus estimés.* **Hum. I - 285**

Par là aussi il stigmatise l'appel exclusif à la vie extérieure, et la répudiation de la vie intérieure, de la méditation, de la contemplation, que le monde moderne tend à qualifier de paresse. Il rejoint en cela notre **Montaigne** qui disait : *L'abstinence de faire est souvent aussi généreuse que le faire, mais elle est moins au jour, et le peu que je vaux est quasiment tout de ce côté-là* **(Essais)**

Nietzsche va jusqu'à dire : *Ne vous y troupez pas ! les peuples les plus actifs sont actuellement les plus fatigués : ils n'ont plus la force d'être paresseux.* **XV - 49**

En psychologue des profondeurs, **Nietzsche** se demande

quelles sont les causes de cette hâte, de cette impatience d'agir si contraire aux rythmes naturels ; et il les découvre dans l'angoisse inhérente à notre vie intérieure qu'on a refoulée : *Vous tous qui aimez le travail acharné, et tout ce qui est nouveau, rapide, étranger, vous vous supportez mal vous-même. Votre empressement est une fuite et une volonté de s'oublier. Si vous aviez plus de foi dans la vie, vous vous jetteriez moins sur le moment qui passe. Mais il n'y a pas en vous assez de richesse intérieure pour supporter l'attente ni même pour supporter le far-niente.* **Zarathoustra I**

Et, dans la logique de sa pensée, il préconise comme remède : *une mise à l'écart, loin de la tyrannie des excitations, qui nous condamne à ne dépenser nos forces qu'en réactions, et ne leur permet plus de s'accumuler jusqu'à une activité spontanée.* **XVI - 916**

Il dit de même : *Que faire pour se tonifier quand on est fatigué et qu'on a assez de soi-même ?... Ce qu'il y a de meilleur, c'est de dormir beaucoup, au double sens propre et figuré. C'est ainsi qu'on finira par avoir de nouveau son matin. Un tour de force dans la sagesse de la vie, c'est de savoir intercaler à temps le sommeil sous toutes ses formes.* **Aur. 376**

« Sous toutes ses formes », cela inclut bien entendu le recueillement, la méditation, la rêverie qui se laisse porter par un thème familier. Autrement dit la pensée inconsciente, celle qui puise son inspiration jusqu'aux profondeurs secrètes de l'être, comme on l'a vu plus haut dans le paragraphe consacré à « La procréation de l'œuvre ».

13. La vulgarisation.
De la lecture et des écrits

Que chacun ait licence d'apprendre à lire, à la longue cela ne gâte pas seulement les écrits, mais aussi la pensée. **Zarath.**
Et de même : *Autrefois l'esprit était Dieu; plus tard il est devenu homme, et de nos jours il s'est fait tout entier populace.* **Zarath.**

Nietzsche, on l'a vu, prend toujours, et quelquefois un peu abusivement, le parti de l'élite, sans doute par réaction contre les excès de l'égalitarisme démocratique, qu'il réprouve. Il semble négliger de ce fait les bienfaits qu'a apportés l'instruction publique en aidant les masses populaires à sortir de l'obscurantisme où les maintenait depuis des siècles l'ambition de puissance des clercs.

Il n'en reste pas moins que l'enseignement a malheureusement favorisé la production d'une foule d'écrits médiocres, suscités par un esprit mercantile ou bien par le besoin d'étaler impudiquement son « moi ». On a trop oublié que la condition première pour écrire un ouvrage, c'est d'avoir quelque chose à dire : *Le livre doit crier après la plume, l'encre et la table de travail; mais généralement, c'est la plume, l'encre et la table qui crient après le livre. C'est pourquoi de nos jours les livres sont si peu de chose.* **Le Voyageur - 133**

Découverte de Nietzsche

Quand la production littéraire est médiocre, il ne faut pas s'étonner que les lecteurs le soient aussi, et, donnant donnant, n'aient plus aucun respect pour les pages imprimées. ***Nietzsche*** déclare : *Les plus mauvais lecteurs sont ceux qui procèdent comme les soldats pillards : ils s'emparent çà et là de ce qu'ils peuvent utiliser, souillent et confondent le reste, et couvrent le tout de leurs outrages.*

Nous en revenons toujours à l'essentiel : le primat de la vie. Un bon livre est celui qui relate une expérience vécue ; que l'écrivain soit de métier ou un simple improvisateur, il n'importe. ***Nietzsche*** y insiste avec force, allant jusqu'à dénoncer ces philosophes qui, assis dans leur cabinet de travail, à l'écart du monde vivant, ayant de surcroît fait taire en eux-mêmes tout ce qui peut émaner de la vie affective, édifient des théories abstraites où l'intellect seul a sa part. En ce qui le concerne, il dit : *De tous les écrits, j'aime seulement ceux qu'on écrit de son sang ; écris avec du sang, et tu éprouveras que le sang est esprit.* **Zarath.**

Et de même, il faut selon lui *dire les choses les plus abstraites de la manière le plus concrète et la plus sanglante.* **Carnet de notes 1887.**

Il s'est d'ailleurs donné pour règle : *J'ai toujours mis dans mes écrits toute ma vie et toute ma personne. J'ignore ce que peuvent être des problèmes purement intellectuels.* **XI - 2 - 590**

Quant au lecteur, il faut qu'il soit bien pénétré de cette idée que l'art de savoir lire, de *savoir bien lire* ne s'apprend que par un engagement total, en revivant en soi-même ce qu'a vécu l'écrivain, en mettant toute son âme dans sa lecture jusqu'à se rendre familière l'originalité de ce qu'il lit. Ici encore, la hâte, qui fait brûler les étapes et empêche de suivre le mouvement naturel du récit, est un obstacle à toute compréhension en profondeur.

La hâte, et aussi la paresse d'esprit, qui fait qu'on a une tendance naturelle à assimiler seulement les choses déjà connues de nous, et à méconnaître par là ce qui est nouveau. Dès lors, par ces deux défauts de hâte et de paresse, toute l'originalité d'une œuvre écrite est escamotée, et l'homme médiocre, ne retenant de sa lecture rien d'autre que ce qu'il sait déjà, n'apprend pas à penser par lui-même.

Références aux citations de Nietzsche, avec code de ses Ouvrages

Antéc. = Antéchrist
Aur. = Aurore
Carnets = Carnets de Notes
Crépusc. = Crépuscule des Idoles
E.H. = Ecce Homo
G.S. = Le Gai Savoir
Généal. = Généalogie de la Morale
Humain. = Humain, trop Humain
P.D.B. = Par-delà le Bien et le Mal
Schopenhauer = Schopenhauer éducateur
Tragéd. = La naissance de la Tragédie
Zarath. = Ainsi parlait Zarathoustra
VII à XVI = Œuvres Posthumes

TABLE DES MATIÈRES

Introduction — NIETZSCHE ; UN MAÎTRE DE L'APHORISME 7

Chapitre I — LE PRIMAT DE LA VIE......... 15

    1. Le primat de la vie 17
    2. La Volonté de Puissance ; l'instinct d'expansion ; la vie ascendante 20
    3. L'instinct de conservation ; la vie décadente 25
    4. La grande raison du corps............ 28
    5. Le Surhomme.................... 33

Chapitre II — LA SANTÉ, LA SOUFFRANCE ET LA MALADIE...................... 41

    1. Signification de la souffrance.......... 42
    2. La valeur de la maladie.............. 47

Chapitre III — LES PASSIONS ET LEUR DEVENIR........................... 51

    1. Conscient et Inconscient 53
    2. Les conflits intérieurs. Le refoulement... 59

3. La mauvaise conscience	69
4. La sublimation	73
5. Destinée et Inconscient..............	81
6. Le Rêve	87

Chapitre IV — AMITIÉ ET AMOUR 91

Chapitre V — L'INTELLIGENCE ET LA CONNAISSANCE.......................... 97

1. Une nouvelle conception de l'intelligence Pragmatisme et Perspectivisme........	99
2. Les sens et le corps dans la connaissance .	104
3. L'Inconscient dans la connaissance.....	107
4. L'intelligence logique et le devenir......	114
5. Les mots et le langage	119
6. La mémoire	123
7. Rationalisation....................	126

Chapitre VI — LE PRÉTENDU IMMORALISME DE NIETZSCHE 129

1. Le prétendu immoralisme de Nietzsche..	130
2. Altruisme et Égoïsme	135
3. La morale du libre arbitre et l'inconscient	141
4. Les contrefaçons de la vertu	146
5. La civilisation.....................	150

Chapitre VII — LES CRÉATEURS 155

1. De l'élite.........................	157
2. La vie passionnelle des créateurs ; L'ascétisme.............................	163

3. Les antagonismes 168
 4. L'homme synthétique 171
 5. L'égoïsme des créateurs. 176
 6. Solitude et création 181
 7. La procréation de l'œuvre 186
 8. L'enfance retrouvée. 190
 9. La relation cosmique. 194
10. L'éducation de l'élite. 197
11. Les vulgarisateurs.................. 202
12. Les méfaits de la hâte, avorteuse d'œuvres.......................... 204
13. La vulgarisation. De la lecture et des écrits........................... 208

*Achevé d'imprimer en mars 1990
sur presse CAMERON,
dans les ateliers de la S.E.P.C.
à Saint-Amand-Montrond (Cher)*

— N° d'imp. 293-90. —
Dépôt légal : avril 1990
Imprimé en France